JN280209

日本経済評論社

「超」企業

——ビジネスプロセス・アウトソーシングから価値創造へ——

略語一覧

ABC: Activity Based Costing　活動基準原価計算

APS: Advanced Planning System

BPO: Business Process Outsoucing　ビジネスプロセス・アウトソーシング

BPR: Business Process Reengineering　ビジネスプロセス・リエンジニアニング

BTO: Built-To-Order

B-to-B: Business-to-Business

B-to-C: Business-to-Consumer

CAD: Computer Aided Design

CAM: Computer Aided Manufacturing

CEO: Chief Executive Officer　最高経営責任者

CFO: Chief Financial Officer　最高財務責任者

CRM: Customer Relations Management　カスタマー・リレーションズ・マネージメント

C-to-B: Community-to-Business

DM: Disease Management　疾病管理

DTD: Document Type Definition

EBM: Evidence-based Medicine　証拠に基づいた医療

ERP: Enterprise Resource Planning

ES: Employee Satisfaction　従業員満足度

EVA: Economic Value Added　経済付加価値

FCF: Free Cash Flow　フリーキャッシュフロー

IPO: Initial Public Offering　株式公開

IPP: Independent Power Producer　独立発電業者

IR: Investor Relations　インベスター・リレーションズ

IT: Information Technology　情報技術

ITS: Intelligent Transportation System

M&A: Merger and Acquisition　企業買収・合併

M-to-M: Market-to- Market

MVA: Market Value Added　市場付加価値
OS: Operating System
OTC: Over The Counter
PEO: Professional Employer Organization
PFI: Private Finance Initiative
PSC: Public Sector Comparator
ROA: Return on Assets　資産利益率
ROE: Return on Equity　株主資本利益率
SCM: Suply Chain Management　サプライチェーン・マネージメント
SLA: Service Level Agreement　サービスレベル・アグリーメント
SOHO: Small Office & Home Office　小規模オフィス・自宅兼用オフィス
SOHOT: SOHO&Teleworker　SOHO とテレワーカー
SRI: Social Responsibility Investment　社会的責任投資
SVA: Shareholders Value Added　株主付加価値
TLO: Technology Licensing Organization　技術移転機関
TQC: Total Quality Control　全体的品質管理
TQM: Total Quality Management　総合的品質管理
TS: Tracking Stock　トラッキング・ストック
VAC: Value Added Community　付加価値コミュニティ
XSL: Extensible Stylesheet Language
3PL: Third Party Logistics　サード・パーティ・ロジスティックス

プロローグ：「企業が消える時代へ」“BPO の意味するもの”

21 世紀の問いかけ：「企業」とは何か？

2001 年に入り，ニューヨーク株式市場の低落に象徴されるようにアメリカ経済の減速が鮮明になり，日本経済の先行きにも不透明感が立ちこめ始めた。しかも，日本経済は戦後初のデフレ状態を迎えている。世界経済が大きな転機にさしかかるなかで，21 世紀の企業は，何に経営の羅針盤を求めようとしているのであろうか。

「境界のない企業」。これは 1990 年代の最も優秀な経営者として世界の称賛を浴びているジャック・ウェルチ，ゼネラル・エレクトリック（GE）会長がこれからの経営の羅針盤として述べた言葉である。このウェルチ会長の言葉は，「企業が消える時代」の到来を表現している。

「企業が消える時代へ」。

こういうと，センセーショナルな表現だけをねらった議論を展開していると思われる方がおられるかもしれない。あるいは，「IT 革命」時代の企業形態が，ヒエラルキー型からネットワーク型へと変化することを指していると思われる方も多いであろう。しかし，このタイトルが意味するところは“ずーっと”深遠である。

実は，21 世紀においては，われわれが当り前のように思ってきた「企業」が溶けてなくなり（メルトダウン），それを超える組織やネットワークである「超企業」が登場する。それを駆動しているのは，ビジネスプロセス・アウトソーシング（BPO）あるいはインターネットのウェブ技術を使った e-BPO である。

われわれは「企業」という存在を当然のものと思っているが，そもそも「企業」とは，何であろうか？　その起源は，1602年に設立されたイギリスの東インド会社をはるかにさかのぼり，前の千年紀（ミレニアム）転換期である10世紀，イタリアのヴェネチアで発生した「コンメルダ」（出資者と事業者が分離された形態で，出資者は有限責任，事業者は無限責任を負い，利益は出資者3，事業者1の割合で分配するもの）や「ソキエタス・マリス」（出資者とともに事業者も出資する形態で，出資者は有限責任，事業者は無限責任を負い，利益は出資者と事業者で折半するもの）にあるといわれる。

21世紀を迎えた今，まさに千年紀転換のダイナミズムに相当する大変革が起こっており，コンメルダやソキエタス・マリスにさかのぼって企業の歴史的起源を見直さざるをえない事態が起こっている。

そもそも「企業」とは，さまざまな資産を元手にして価値をうみだす手段として歴史に登場した。価値創造がレーゾン・デートルだとすれば，21世紀において「超企業」が新たな価値創造主体として登場してくれば，「企業」はその歴史的使命を終えるはずである。

「企業」を消滅させるBPO：「超企業」の登場

こういっても，“キツネにつままれた”感じをもっている人が多いと思うので，ポイントを述べてみよう。

「企業」を消滅させるBPOとは，アウトソーシングの発展形態であり，「企業が価値増大のために，外部のサービスプロバイダーと長期的・包括的な委託契約を結び，業務プロセス全般に関するサービスの提供を受けることである」。e-BPOとは，そのサービス提供をインターネットのウェブ技術を使って行うものである。

BPOがe-BPOへと進む時代においては，企業はコアコンピタンスに特化し，その他の部分は外部からサービスとして提供を受けて，価値を創造するようになる。価値を創造するのは，コアコンピタンスを構成する「何か」である。しかも，こうして創造される価値は，従来のように企業単独でうみだされているのではない。企業外に存在する顧客，サプライヤー，パートナーなどともネットワークやシステムを組んで，それらとの相互作用のダイナミズムのなかから新しい価値を創造している。

ここにおける価値創造主体は，企業ではなく企業のコアコンピタンスと顧客，サプライヤー，パートナーなどとのネットワークである「超企業」である。BPOやe-BPOとは，このような形で，ビジネスの基本単位が企業から「超企業」へと変化するというビジネスの仕組みの根本的な変革なのである。

ここでいう「超企業」とは，実態として機能しているネットワークやシステムを表す概念であり，企業という枠を超えて機能する。もちろん，階層やヒエラルキーをなした大組織ではない。組織でしか蓄積できない知識，組織がなければ成り立たないチームプレー，そして組織でしかうみださないダイナミクスなどのいわゆる“グループ・ダイナミクス”をフルに活用した柔軟な組織である。これを組織のネットワークが企業の境界を越えて活動していると見ることもできるし，いくつもの企業を束ねるネットワークとしてを見ることもできる[1)]。

しかし，どちらにしても重要なのは，価値創造という観点からは企業の内部・外部にかかわらず，「超企業」としての組織のパフォーマンスが重要であるということである。

インターネットは隕石である

「インターネットは隕石である」。

これは，ソニーの出井会長（CEO）が1999年11月アメリカでの世界的な国際エレクトロニクス会議「コムデックス」においてスピーチしたときの出だしである。6,500万年前，メキシコのユカタン半島に巨大な隕石が衝突し，恐竜を絶滅させた。それまで万物の長として振る舞っていた恐竜が気象などの環境変化に対応できず，哺乳類の時代へと移ったのである。

今まさに「IT 革命」の真っ只中にある。

郵政省（2001 年 1 月から総務省）がまとめた 2000 年の『通信白書』によると，1999 年末で 2,700 万人であるインターネット利用者は，2005 年には 7,670 万人に達するとみられている。これは，人口の 64％に相当する数字である。

政府も 2000 年「高度情報通信ネットワーク社会形成基本法」（IT 基本法）を成立させるとともに，同年 11月「IT 戦略会議」（議長・出井ソニー会長・CEO）で基本戦略をとりまとめた。2001 年 1 月には「IT 戦略本部」において 5 年以内に日本を世界最先端の IT 国家にする「e-Japan 戦略」が策定され，3 月にはそれを具体化する「e-Japan 重点計画」が打ち出された。まさに，国をあげて IT 戦略を展開しようとしており，日本においても「IT 革命」が本格化しつつある。

「IT 革命」の真っ只中で，絶滅する恐竜は何であろうか？　そして，新たに万物の長として出現する哺乳類は何なのか？　時代は今新たな価値を求めている。ここでの主体は，価値創造主体である「超企業」であり，企業ではない。

「ビジネスの基本単位が，企業から組織になる時代」……。そうなのだ！　絶滅する恐竜は企業であり，新たに出現する哺乳類は「超企業」という組織なのである。

「超企業」の主役はナレッジワーカー

21 世紀の「大競争」（メガコンペティション）の時代においては，企業は自社のコアコンピタンスに特化するとともに，BPO を推進して，マネージメントは外部からサービスとして提供を受けるようになる。極端なケースでは，マネージメントを行う企業トップもアウトソーシングする。このことは日本ではあまり馴染みがないが，アメリカでは CEO（Chief Executive Officer：最高経営責任者），企業経営者の市場が出来上がっており，業績に応じて CEO，企業経営者の入れ替えが行われている。いずれ，日本でも本格化するであろう。

この段階における企業の役割は事業価値の創造であり，企業のレーゾン・デートルはそこにある。事業価値をうみだすのは知識であり，企業は知識をうみだす“プラットフォーム”として機能するようになる。

ここでの活動の基本的単位は，“プラットフォーム”としての企業や企業経営者ではなく，企業と雇用関係にはあるものの自活した知識技能者（ナレッジワーカー）である。こうしたナレッジワーカーは，企業外に存在する顧客，サプライヤー，パートナーなどともネットワークやシステムを組んで新しい価値をうみだすアントレプレナーとして機能する。

社会が歴史的転換点を迎え，J. シュンペーターのいう「創造的破壊」(Creative Destruction）がさまざまな場面で必要になるとき，そこに登場するのは起業家（アントレプレナー）である。従来アントレプレナーというと，独立開業する起業家のみを指していたが，ここでのナレッジワーカーも新しい価値を創造するアントレプレナーである。

資産とは？　うみだされる価値とは？

そもそも「企業」とは，資産を元手にして価値をうみだす手段である。では，資産とは何であろうか？　そして，うみだされる価値はどのようにして計られるのであろうか？

この点に関する貸借対照表の考え方は，企業の資産とは物的資産（生産設備，土地，建物，在庫など）と金融資産（資本，負債，投資，現金，売掛金など）で構成され，その価値は簿価で計測されるとするものである。われわれは，長らくそう考えてきた。

しかし，近年におけるアメリカ企業の時価資本総額に対する株主資本の比率の推移を見ると，時価と簿価の乖離が拡大し，企業の価値創造に果たす無形資産の役割が大きくなっていることがわかる。

1978年から98年までの間，アメリカ企業の簿価は時価の95%から28%へと低下した。言い換えれば，この20年の間に全企業の非簿価価値（時価から簿価を差し引いた値）の時価価値に対する割合は，5%から72%に拡大した。

今や，価値を計る指標としては，売上高，利益などに代わって，EVA（経済付加価値：Economic Value Added）という資本コストを考慮したうえでキャッシュベースの経済的利益を計る指標が登場している。

また，株式市場では「時価総額」がクローズアップされている。すなわち，今までは売上高に対応する利益の額，例えば売上高利益率やROE（株主資本利益率）が高いことが，優良企業のメルクマールであった。しかし今は，株価と株式数をかけた「時価総額」や時価総額に負債総額を加えたものが企業を総合評価するうえで重視されている。

AOLとタイムワーナーの合併の衝撃

2000年1月10日，このことを象徴する衝撃的な発表が行われた。アメリカ・オンライン（以下AOL）がタイムワーナーを合併することを発表したのだ。このことは，コアコンピタンスを構成する「何か」が働き，時価資本総額が企業の価値を表す時代となったことを鮮明にするものであった。

振り返ると，1993年頃AOLは，従業員数わずか124名，売上高3,160万ドル，純利益430万ドル，そして時価資本総額は1億6,800万ドルにすぎない企業だった。これに比しタイムワーナーは，売上高131億ドル，純利益8,600万ドル，時価資本総額は109億ドルにも達していた。これが7年後の合併発表の直前にどうなったであろうか？　AOLの時価資本総額は1,696億ドルにも及んだ。99年の売上高は57億ドル，利益は10億ドルに達した。一方，かつてはメディア業界の雄といわれたタイムワーナーの時価資本総額は930億ドル，99年度第3四半期の売上高は235億ドル，純利益は12億ドルであった。

仮に1993年1月，AOLに1,000ドル投資していたとすれば，その株価は99年末には332,057ドルに達し，300倍を超える膨大なキャピタルゲインを獲得できたことになる。一方，大多数の投資家が行ったようにタイムワーナーに1,000ドル投資していたなら，その株価の価値は7年後にはわずか4,944ドルで，AOLに投資した場合よりそのキャピタルゲインは，5分の1にも満たないことになる[2)]。

2000年12月，AOLとタイムワーナーの合併はアメリカ連邦取引委員会（FTC）によって承認され，合併が実現することとなった。この合併劇，そしてその背景にあるAOLの価値の急速な伸長がなぜ可能であったのか？

その疑問に答える鍵は，AOLの貸借対照表には何ら記載されていない。さらに言えば，今まで発表されている企業経営に関する理論でこれを説明できるものはない。

それほど革命的な変化が起きている。

新しいヴァリュー・ダイナミクス

21世紀においては，価値をうみだす新しいヴァリュー・ダイナミクスが動きはじめている。時価資本総額が企業の価値を表す時代となったとき，その価値をうみだす資産とは，従来の貸借対照表が示すような「物的資産」と「金融資産」だけなのであろうか？　そうではあるまい。それでは，AOLによるタイムワーナーの吸収合併という“メダカがクジラを飲み込むような”ことがなぜ起こったのか説明できない。

21世紀おいては，これまでとまったく異なった方法で事業価値を創造していかなければならない。すなわち，現行の財務会計システムでは把握できない資産を活用していかなければならないのである。

新しい無形資産として注目されるのは，次の「顧客資産」，「従業員資産」，「サプライヤー資産」，「組織資産」である。

- 「顧客資産」：顧客，流通チャネル，提携会社
- 「従業員資産」：従業員，ナレッジワーカー
- 「サプライヤー資産」：サプライヤー，パートナー
- 「組織資産」：リーダーシップ，戦略，組織文化，ブランド，革新，知識，システム，プロセス，知的資産

注目を有するのは，これらの新しい企業資産は，従来の「企業」の枠の外に存在するものが多いという点である。21世紀においては，ナレ

図表　新しいヴァリュー・ダイナミクスのフレームワーク

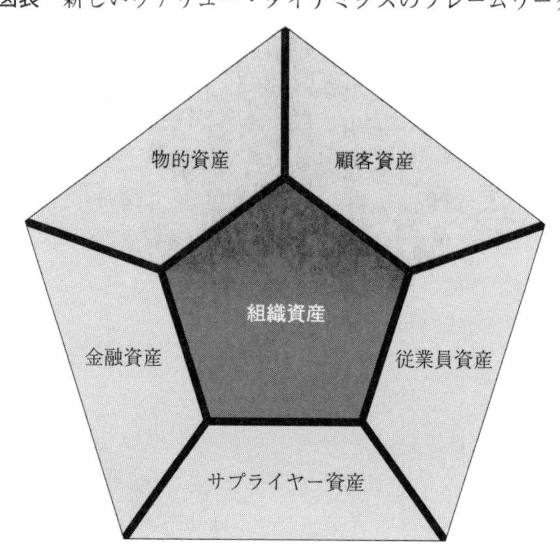

ッジワーカーは，従来の「物的資産」と「金融資産」に「顧客資産」，「従業員資産」，「サプライヤー資産」，「組織資産」を加えて，それらを元手にして価値を創造する。これが新しいヴァリュー・ダイナミクスである。

図表は，アンダーセン・コンサルティグ（2001年1月より社名を「アクセンチュア」に改名。以下同じ）の考え方を基に，それをさらに発展させたもので，新しいヴァリュー・ダイナミクスを描写している。

こう整理すると明らかなように，もはや「企業」が価値創造主体ではない。「企業」に代わって6つの資産をネットワーク化した「超企業」である組織が価値創造主体となる。

こうして，21世紀においては，BPOにより劇的なビジネス・パラダイムの変化が実現する。

「超企業」の世界へようこそ

本書は，以上のような問題意識の下に書かれている。

21世紀においては，「企業」に代わって「超企業」である組織が価値創造主体となるといっても，依然として半信半疑の読者が多いであろう。しかし，次第に読み進めるにしたがって，このメッセージの真髄（しんずい）がわかっていただけると思う。

21世紀においては，従来の“常識”であったことの多くが“非常識”となる。このことは，われわれがその存在を鉄壁だと思っている「企業」という存在についても妥当する。

このことは，従来の常識をベースにしていてはなかなか理解できない。しかし，発想を転換し，常識のヴェールを一皮むけば，さっと目の前の霧が晴れるであろう。

では，「超企業」の世界へようこそ（Welcome to the “Beyond Company” World！）。

（注）

1) 「超企業」をインターネット上で実現しているものとして，Vertical Net, Chemdex, Bizzed. com などが登場している。グラディ・ミーンズ＆デビッド・シュナイダー（プライスウォーターハウス・クーパーズ・コンサルティング訳）[2001]『メタキャピタリズム：21世紀企業をデザインする』東洋経済新報社は，これらの超企業を「VAC」（Value Added Community：付加価値コミュニティ）と呼び，さまざまな「VAC」を集めて情報および取引を行うインターネット上の市場を「メタマーケット」と称して21世紀型企業のあり方を論じている。

2) このAOLとタイムワーナーに関する分析は，リチャード・E. S・ボルトン，バリー・D. リバート，スティーブ・M. サメック（アーサー・アンダーセン訳）[2000]『バリューダイナミクス』東洋経済新報社による。

1 「アウトソーシング世界サミット」の衝撃とその後の展開

1-1 「断絶を創造しろ！」(Create Discontinuity！)

衝撃のメッセージ

私が「『企業』に代わって『超企業』が価値創造主体となる」ということに気づいたきっかけは，「アウトソーシング世界サミット 2000」である。それは，2000 年の 2 月 21 日から 23 日に開催された。場所は，アメリカフロリダ州のオランド。ウォルトディズニーのディズニーワールドで有名なその地で開かれた「アウトソーシング世界サミット 2000」に出席した私は，強烈なメッセージを受け取った。

そのメッセージとは，

「断絶を創造しろ！」(Create Discontinuity！)。

「IT 革命」が日本でも急速に進行している。政府も 2000 年 7 月から「IT 戦略会議」を開催して，インターネットを経済社会の活動全般に浸透させるための戦略づくりに乗り出した。その成果は，同年 11 月に「5 年以内に 3,000 万世帯を高速回線に，1,000 万世帯を超高速回線に接続する」などを内容とする「IT 基本戦略」としてまとめられている。そこに表れているのは，IT を 21 世紀戦略の先頭に位置づけようとする国家意思である。

「プロローグ」で述べたように，2001 年に入ってからこの「IT 基本戦略」を具体化すべく「e-Japan 戦略」(1 月)「e-Japan 重点計画」(3 月) が策定され，国をあげて IT 戦略の実行に移されている。これにより今や時代は「ドッグイヤー」といわれるほどのスピード感覚で変化している。

しかしその変化への日本企業の対応はどうであろうか。残念ながら押し寄せる波に受動的に対応して，いかにうまく波に乗るかに終始している。日本の企業経営トップが思い描いている90％以上は，リストラ，グローバリゼーションに対応するためのコスト削減と短期的な成果主義である。

「断絶を創造しろ！」（Create Discontinuity！）。このメッセージが言おうとすることは，それでは遅い，むしろ変化を起こして従来のビジネスモデルとの“断絶”をつくりあげていかなければ時代の波に乗り遅れるということである。この“断絶”をつくりあげるのがビジネスプロセス・アウトソーシング（BPO）なのである。

「果たして，このような心積もりで企業経営をしている企業トップは日本に何人いるであろうか？」。そう思って，ちょうど私と一緒に「アウトソーシング世界サミット2000」に出席していた尾関友保さん（当時はプライス・ウォーターハウス・クーパーズBPOジャパン社長，現在アンダーセン・コンサルティングのパートナー）とともに顔を見合わせた。

「アウトソーシング世界サミット」は，毎年1回，世界のアウトソーシング産・学・官関係者が一堂に会してアウトソーシングの世界市場の動向に関する予測を出したり，ビジネスの課題などについて意見交換する場である。近年は地域レベルでも開催しており，1999年は香港で開催し，2000年は7月オーストラリアで地域サミットが開催された。2000年2月の「アウトソーシング世界サミット」には約550名が出席，司会はアメリカのアウトソーシング界の第1人者であるマイケル・コルベットが務めた。アメリカの関係者が大半であるが，その他イギリス，オーストラリア，香港，そして日本の関係者が出席した。

日本からの出席者は，当時通商産業省（2001年1月から経済産業省。以下同じ）のサービス産業課長であった私と尾関さんの2人だけであった。当初日本におけるアウトソーシングの第一人者である慶応義塾大学の花田光世教授（日本の「アウトソーシング協議会」会長も務めている。「アウトソーシング協議会」については後述する）も出席予定であったが，所要で急遽キャンセルとなった。それでも国際ビジネスの最先端である「アウトソーシング世界サミット」への出席者が2，3人とは！　通常この手の国際ビジネス会議には日本からの出席者は2割を下らないのに，このことだけでもBPOへの関心の低さ，受け身で対応する日本企業の姿勢がうかがえる。

このような“煮え切らない”日本企業の姿勢を尻目にして，時代はBPOから，インターネット，特にウェブを活用したe-BPOへと急速に移行している。

「このままでは日本企業は完全に時代のスピードに取り残される。何とかしなければ大変なことになる」。私は“焦燥感”に駆(か)られた。

もう1つの衝撃のメッセージ

帰路，ニューヨークのプライス・ウォーターハウス・クーパーズBPO本部に立ち寄った私を，さらにもう1つの強烈なメッセージが待っていた。

そのメッセージとは，

> 「アメリカでも，断絶の創造への取り組みは1999年から始まったばかりだ」。

ということは，アメリカは1年も立たないうちに，BPOからe-BPOへの急速な移行を展開しているということではないか……。構想から実行への期間が何と短いことか……。私の身体をもう1つの衝撃が駆け巡った。

このようなアメリカ企業の迅速な変化と，変化の前に逡巡している日本企業とのコントラストはあまりにも大きい。先ほどの「ドッグイヤー」だけでなく，「スピードの経済」，「アジル・コンペティション」(敏捷(びんしょう)な競争)，「ベンチャービジネスが時代の主役」などの言葉はマスコミ報道を賑わしている。

しかし，1814年から15年にかけて開催され，ナポレオン戦争終結後のヨーロッパのあり方を議論したウィーン会議を，メッテルニヒが「会議は踊る，されど会議は進まず」と形容したように，日本ではBPOという言葉が踊るだけで，実態はなかなか進んでいない。

実はこの「アウトソーシング世界サミット2000」に出席する前，私は日本のアウトソーシング企業からの生の声を耳にしていた。それは1999年7月に設立された「アウトソーシング協議会」が会員企業である日本のアウトソーサーに対して，今後のアウトソーシングの見通しを聞いたものであった。そこには，なかなかアウトソーシングが進まない現実のなかで“苦悩”する日本のアウトソーサーの姿がにじみ出ていた。

「日本でアウトソーシングは本格的に進むと思うか？」との質問に対する日本のアウトソーサーの回答は，「従業員の転籍問題などがネックになってリストラ対応，コスト削減以上のアウトソーシングはなかなか進まないだろう」(慎重派)，「ベンチャービジネス以外は無理。大企業では進まない」(限定派)，「IT関連業種では進むが，それ以外は無理」(斑派）のほぼ3つに集約されていた。

本来アウトソーシング・ビジネスの拡大を目指して活動しているアウトソーサーが，そのような見通しを吐露（とろ）する背景にはよほどの制約を感じていることがある。そこには“苦悩”というよりも“諦観”(あきらめ）に近いものも私は感じていた。

実は，「アウトソーシング世界サミット2000」に出席するためアメリカに向かう機中で，そのような感じを私は抱いていたのだ。その私を襲ったのが，「断絶を創造しろ！」と「アメリカでも，断絶の創造への取り組みは99年から始まったばかりだ」という2つのメッセージだったのである。この2つのメッセージから衝撃を受けた私は，帰国後直ちにアクションを開始した。「アウトソーシング協議会」の会長である花田教授や「アウトソーシング協議会」のメンバー企業と早速対応策の検討を開始するとともに，「アウトソーシング・ビッグバン」に向けた戦略の策定を行った。

1-2　BPO は当然，問題の核心は別にある！：日本型 BPO の構築と“ポスト BPO”戦略

目立たない企業が BPO まで！

この種の議論になるといつも登場するのが「黒船来る！」という論調である。「アウトソーシング世界サミット 2000」の出席後私がいだいた“焦燥感”は，そのようなものであったかもしれない。しかし，実は日本でも思わぬところで BPO がすでに開始され，拡大しようとしている。

それも名の売れた大企業ではなく，目立たない中堅企業がすでに BPO に取り組んでいる。これは私のみならず，読者の皆さんにとっても驚きなのではないだろうか。

このことに私が気づいたのは，2000 年 7 月通商産業省サービス産業課長から関東通商産業局（2001 年 1 月から関東経済産業局）総務企画部長に移ったときだった。それは，関東通商産業局の「管内企業の企業経営の方向について」と題する調査で明らかにされたものだ。1999 年関東通商産業局では，アウトソーシングなどへの対応によって企業のビジネスモデルがどのように変容しているかについて，管内の中堅中小企業を調査した。その結果は 2000 年 7 月に発表されているが，そこで紹介されている 4 つの事例は，まさに BPO が日本でも進展していることを明らかにしている。

そのうちの 1 つ，横浜市に本社がある（株）アイネットは，全国約 5 万店舗あるガソリンスタンドの約 1 割を対象として，各ガソリンスタンドの POS 化の推進， POS データの一括処理による顧客情報管理，金融・クレジット・データ処理などを行っている。

今や同社はこのサービスをガソリンスタンド以外にも展開しており，横浜元町商店街のトータルカードシステムや飲食店の POS データ集配システム，調剤薬局の業務支援システムなどの運用も行っている。

また，長野県塩尻市に本社をおく（株）サイベック・コーポレーションは， OA 機器，医療機器，工作機械に利用される超精密部品の金属

(プレス) 加工を行う中小企業であるが，同社ではプレス加工では不可能といわれてきた，立体的に肉厚に変化のある複雑な形状を有する超精密部品のプレス化を一手に受注するとともに，製品設計から金型制作，部品加工までを実施している。

実は，「アウトソーシング世界サミット 2000」から戻った私は，「アウトソーシング協議会」のメンバー企業に対して，日本で進行している BPO の事例を出して欲しいと要望した。モデルケースとして提示してもらって，関係者で今後の戦略を形成するための参考にしようと考えたからである。しかし，しばらく待ってかえってきた返答は，「すべて探してみたが，該当する事例は見当たらない」。仕方がないとあきらめかけていたところに，先ほどの関東通商産業局の調査に出くわしたのである。

「アウトソーシング協議会」のメンバー企業は，アンダーセン，日本 IBM，ヒューマンリンク，NTT データなど，日本では大手企業のアウトソーシングを先行的に手がけている会社である。そこの情報ネットワークには BPO の事例は引っかからず，関東通商産業局の中堅中小企業調査ではじめて明らかになるというのは，この BPO の特性を象徴しているのかもしれない。案外，身動きが機動的にできる中堅中小企業で進んでいく可能性があるのである。

求められる日本型の BPO

しかも，「IT 戦略会議」が今後本格的に「IT 革命」を推進する国家意思を明らかにしたことから，いずれは BPO を当然の対応として大企業は取り入れていくであろう。草の根ベースのみならず，「アウトソーシング協議会」のメンバー企業による活動もいよいよ本格化し，加速度を増すであろう。そこで必要になるのは，「BPO は当然，問題の核心は別にある」という認識である。

では，核心にある別の問題とは何であろうか？　この点について，別のエピソードをご紹介したい。

2000年7月27日と28日の両日にわたって，「アウトソーシング2000」が東京有楽町にある東京国際フォーラムで開催された。展示会とセミナーが併設されており，来場者は3日間で3万人以上。アウトソーシング関連のイベントとしては，国内最大の規模である。

そこで私は，花田教授，尾関さんとともにメイン会場のパネリストとして登場した。その場で私が発したメッセージは，

「日本型BPOが必要である」。

なぜ日本型なのか？　なぜアメリカ型のBPOでは駄目なのか？　実はこの点にBPOを巡る本質が隠されている。BPOは単なる企業のビジネスモデルの変革ではない。これにより，ビジネスを遂行するうえでの組織と個人との関係が根本的に変化するからである。

この組織と個人との関係が，核心にある別の問題の1つである。

前述のように，21世紀においては，企業は自社のコアコンピタンスに特化するとともに，BPOを推進して，個人に対して活躍の場を提供する“プラットフォーム”として機能するようになる。ここでの活動の基本的単位は，“プラットフォーム”としての企業ではなく，企業と雇用関係にはあるものの自立した知識技能者（ナレッジワーカー）である。こうしたナレッジワーカーは，アントレプレナーとして機能する。

問題は，BPOが多くの人数の転籍を伴うところに潜んでいる。アメリカやヨーロッパで進んでいるBPOにおいては，数千人の従業員の転籍が行われるが，それが日本的な雇用慣行のもとで可能かどうか，まず問われなければならない。しかも，問題は日本的雇用慣行に合うかどうかという消極的な側面だけではない。BPOによって大量の人員の転籍が行われることが果たして，企業の競争力の強化にマイナスの影響を与えないかどうか，従業員のモラール（士気）などの点からも検証されなければならない。ここにおいては，果敢なBPOの展開によるビジネスモデルの転換と従業員のモラールの向上などとのバランスをいかに確保

するか，ということが重要になる。

「ヒューマン・キャピタリズム」は実現できるか？

問題は，別のところにも潜んでいる！

前述のように，ナレッジワーカーは，従来の「物的資産」と「金融資産」に「顧客資産」,「従業員・サプライヤー資産」,「組織資産」を加えて，それらを元手にして価値を創造する。では，そうして創造された価値をどのように配分するのであろうか？

その価値創造過程に携わるプレーヤーは，株主，従業員，顧客，サプライヤーであるが，このうち顧客，サプライヤーについては商品・サービスの提供や提供される原材料に対する対価の支払などでリターンを獲得するため，ここでの問題は，株主と従業員との間で創造された価値をどのように配分するかということになる。

この問題は「株主利益 対 従業員利益」という形で問われてきたものであるが，今日的に問題設定するとすれば，資本の効率的活用・生産性の上昇を進める一方で，知的資本を提供するナレッジワーカーへの分配の公正を確保するためには，どうしたらよいかということになる。

この点に関しては，アメリカ型のモデルは「株主利益」を優先させるものであるとの捉え方が一般である。株主利益を優先させるために社員を転籍させる，あるいは短期的に利益を期待できない事業を売却してしまう，といった経営の仕方がアメリカ型のBPOであると認識されがちである。「企業は株主のものである」。この言葉が象徴するように，アメリカ型のBPOは，「株主利益」の最大化を目指したモデルであるというのである。

しかし，こうした議論で欠落している重要な視点がある。まずそれは，アメリカにおける株主は一般投資家から企業年金や401(k)などの確定拠出年金へとシフトしており，従業員の将来の給付を支払う企業年金や確定拠出年金にとって重要なのは，中長期的に資産価値をふやすこと，すなわち中長期的な株価の上昇となっていることである。今やこうした中長期的な視点から株主のかちを増加させていくことが「株主価値の創造」となっており，「株主利益」と「従業員利益」は必ずしも相反するものではなくなっている。

日本においても同じような傾向が徐々に浸透しつつある。企業の株式持合いは急速に見直されつつあり，企業年金や投資信託を通じ純粋投資家である個人金融資産が徐々に保有割合をふやしつつある。この傾向は金融ビッグバンの浸透とともにさらに加速していくだろう。

そして欠落している最も大きな視点は，BPO が，ダイナミックにビジネスモデルを発展させていくものであり，ものごとを動態的に捉えることが必要であるということである。

BPO というのは，一言でいえば「持てる経営」から「持たざる経営」への転換である。「持てる経営」はスタティック（静的）なモデルであり，限られたパイをどう配分するかというゼロサム・ゲームとして問題が捉えられ，「従業員利益」と「株主利益」は利益相反の関係に陥りやすい。しかし BPO が進む「持たざる経営」の段階においては，従業員であるナレッジワーカーが知恵を出し，新しい顧客価値を創造していくことが企業の収益の源泉となる。それが顧客満足につながり，企業に利益をもたらす顧客の固定化を促進する。その積み重ねによって顧客シェアを獲得し，企業が中長期的に儲かっていく。結果として，株主に利益が還元される。

ここにおいてはプラスサム・ゲームが実現され，「従業員利益」と「株主利益」が同時に満足される。われわれが目指すべき真の「日本型 BPO」は，こうした“良循環”を実現するモデルである。

かつてバブル期に日本型経営の成功物語が高らかに語られ，アメリカ的経営の停滞が指摘されていたとき，日本型経営こそが人間を大事にする「ヒューマン・キャピタリズム」であるとの論調が内外からなされた。しかしバブルが破裂して冷静に日本型経営を振り返ったとき，そのシステムはもはや価値をうみださないことが明らかとなった。

21 世紀において BPO が推進され，新しい日本型経営が創造されるとすれば，それは，価値創造機能を有するとともに，「従業員利益」と「株主利益」を同時に満足する「ヒューマン・キャピタリズム」でなければならない。

ただし，こうした「従業員利益」と「株主利益」との“良循環”は，一朝一夕で出来上がるものではない。この課題への取り組みが，日本において BPO を実践するうえでの最後のテーマである1)。

では，これから本格化する BPO の状況を紹介するとともに，「日本型 BPO」やそれをうみだす新しいヴァリューダイナミクスについて論じることとしよう。

（注）

1）　伊丹敬之［2000］『日本型コーポレートガバナンス：従業員主権企業の論理と改革』日本経済新聞社は，「カネには競争力の源泉はつくれない。せいぜい設備や技術を買えるだけである。真の競争力の源泉は，コミットして働いてくれる従業員の知恵やエネルギーにある。それなら，彼らが企業にとってメインの存在として扱われる方が合理的ではないか」という問題意識のもと，新しい日本型コーポレートガバナンスの構築のための具体的な提案をしている。

2　本格化するビジネスプロセス・アウトソーシング（BPO）

2-1　世界で進む BPO

BPO とは？

BPO とは，アウトソーシングの発展形態であり，「企業が価値増大のために，外部のサービスプロバイダーと長期的・包括的な委託契約を結び，業務プロセス全般に関するサービスの提供を受けることである」。

アウトソーシングの効果については従来より各種の分析がなされおり，1998 年にアメリカのシンクタンクであるヤンケロビッチ・パートナーズが行った経営トップに対するアンケートによれば，「コアビジネスへの集中」（75％），「サービス品質の改善」（70％），「競争優位性の維持」（67％），「株主価値の増大」（62％），「継続的業務改善」（58％），「世界標準の達成」（53％）となっている。BPO は，このアウトソーシングをさらに進めるものであり，従来のアウトソーシングとは以下の点で異なる。

従来のアウトソーシング	BPO
限定的なサービス範囲	広いサービス範囲（何百人，何千人もの従業員が対象となる広範囲な業務を対象にして，人事上の課題も専門能力をもって対処）
ヴァリューチェーン下流での周辺業務に限定	ヴァリューチェーン上流での主要なサポート業務が中心
アウトソーサーは短期的な契約者として位置づけられるのみ	アウトソーサーは長期的ビジネスパートナー
従業員の転籍はない	従業員の転籍と「センター・オブ・エクセレンス」でのビジネスプロセス運用が基本

アウトソーシングする企業は，BPO によりコアコンピタンスへと特化するとともに，他方で，間接業務をコアビジネスとして遂行する「センター・オブ・エクセレンス」(Center of Excellence) が別会社として設立される。

従来，こうした間接業務は企業のコスト負担のみが生ずるコストセンターとして位置づけられてきたが，「センター・オブ・エクセレンス」は独立採算で収益を上げるプロフィット・センターであり，ビジネスプロセスの標準化，効率化と確実な運用，ベストプラクティスの適用，最新技術の活用，規模の経済性などが達成される。

コアコンピタンスと BPO

コアコンピタンスとは，「世界一」(Best in the World!) である部門を意味する。具体的には，

① 顧客に認知される価値を高めるものであること（コアコンピタンスであるかどうかは，顧客の利益が中心であるかどうかによる）

② 競合他社に比べて数段優れた企業力であること（摸倣したり，代替したりすることが難しい能力であること）

③ 企業力を拡げるものであること

の 3 つの要件に該当するものである。

ただし，このようにコアコンピタンスを定義しても，企業がもっている各種の能力のうち，どれがコアコンピタンスで，どれがそうでないかを判定することは難しい。そのため，「プロローグ」で紹介したマイケル・コルベット（アメリカのアウトソーシング業界の第一人者といわれている）は，① 今日開始するとしたら，それを 1 社でスタートできるか，② 他の会社が開始するとしたら，あなたの会社に依頼するか，③ 明日の CEO（最高経営責任者）はその部門から登用されるか，という 3 つの基準に照らして判断することを提案している[1)]。

図表 2-1　BPO によるビジネスモデルの転換

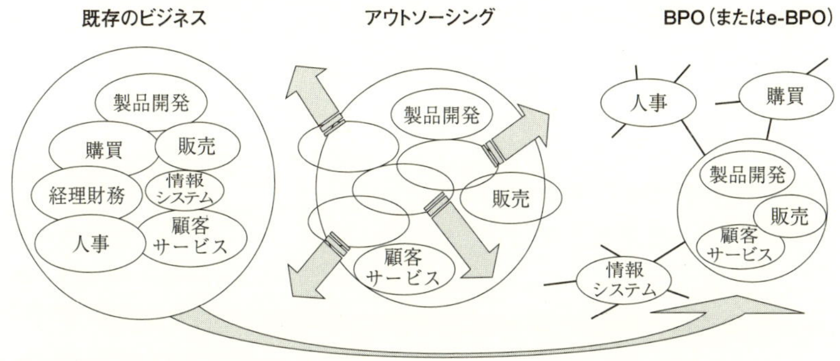

（資料）　加藤作成。

BPO の経営効果とメリット

図表 2-1 は，伝統的なビジネスモデル，アウトソーシングのビジネスモデル，BPO，e-BPO のビジネスモデルを対比させて，その発展経路を示したものである。この図表が示すように，BPO はビジネスモデルそのものの変更を迫るものであり，BPO の経営効果としては，以下の 2 つがあげられる。

- 戦略的課題への経営資源の集中

企業にとってノン・コア（コアコンピタンス以外の業務）であるが，重要な間接業務などを外部に委託することで，マネージメントや資本をコアコンピタンスに集中することができる。

- 価値の増大

企業が最も強みを発揮できる分野に注力することで，経営トップは価値の向上に専念することができる。

より具体的に BPO のメリットをあげると，

①　収益性の向上
②　経営資源とマネージメントのコアコンピタンスへの集中
③　従業員のエンパワーメント
④　ビジネスプロセスの改善

⑤　ベストプラクティスの適用
⑥　サービスレベルの向上
⑦　経営トップのコントロールの強化
⑧　変化への柔軟な対応
⑨　スケールメリットの実現
⑩　先端技術の活用
⑪　経営コストの削減

BPO の具体的事例（欧米のケース）

BPO は 1990 年代後半以降，アメリカを中心として発展しており，具体的事例としては，以下のものがあげられる。

①　PWC と BP・モービル合弁会社のケース

1996 年，プライス・ウォータハウス・クーパーズ（PWC）は，ブリティッシュ・ペトローリアム（BP）とモービルの合弁会社との間に，西ヨーロッパおよび中央ヨーロッパ地域における財務会計，給与計算，資金管理，購買などの業務に関して 7 年間にわたる BPO 契約を結んだ。また，この合弁会社の石油・ガス関連の 200 の子会社に対しても，イギリスでの法人税申告業務を代行している。このため PWC は，オランダのロッテルダムにセンター・オブ・エクセレンスを設立し，現在では 180 人以上の専門家が働いている。このセンター・オブ・エクセレンスは，ヨーロッパ初の国際シェアード・サービス・センターである。

②　ダイムラー・クライスラーのケース

“ビッグ・スリー” のなかでも最も部品の製造シェアが低く，自社ではプロダクト・デザイン，プロセス・デザインとマーケティングに特化している。これにより，新車開発期間が 234 週から 183 週に短縮された。1997 年に “最優良企業”（Company of the Year）に選ばれている。世界規模で活用している情報通信は，MCI にアウトソーシングしている。

③　IBM とフォードのケース

1999 年 12 月，IBM とフォードは戦略サービス提携について合意。

これにより新車開発期間を50%短縮し，コストを30%削減することを目標としている（ただし，このケースにおいては，従業員の転籍は予定されていない）。

④ マイクロソフトのケース

設立当初からビル・ゲーツと3人のプログラマー，5人のサポートチームでアウトソーシング戦略を実施しており，製品デザイン，製品開発およびマーケティング以外のノン・コア（製造，配送，金融，顧客支援など）については積極的にBPOを行っている。

⑤ PWCとウィリアム・ボーモント病院のケース

PWCはウィリアム・ボーモント病院と合弁会社であるボーモント・サービス会社を設立し，この合弁会社が設備管理，設計と建設，バイオメディカル・エンジニアリング・サービスを提供している。これはヘルスケア業界としては最大規模のBPOであり，300名の従業員の転籍が行われた。この雇用の保障により良質なサービスの提供が提供され，『フォーチュン』誌はこのウィリアム・ボーモント病院を全米で最も働きやすい100の職場の1つに選んだ。

⑥ アメリカ国防省のケース

国防予算の削減のなかで兵器の近代化を進めるため，アウトソーシング，民営化および調達手続きの革新を実施。これにより，年間3万の活動を競争条件のもとで実施し，最初の2,000件のプロジェクトで年間14億ドルのコスト削減を実現。

BPOのビジネスモデル

ここで，BPOサービスを提供するアウトソーサーのビジネスモデルについて見ておくこととしたい。図表2-2を注目していただきたい。

まず，BPOを行う上で必要不可欠なのは，人材，技術およびビジネスプロセスを適切にマネージメントし，統合的なサービスとして提供する能力である。次いで具体的なビジネスモデルであるが，BPO契約の際ヴァリュー・プロポジションに基づいて顧客企業との間にコスト保証

図表 2-2　BPO のビジネスモデル

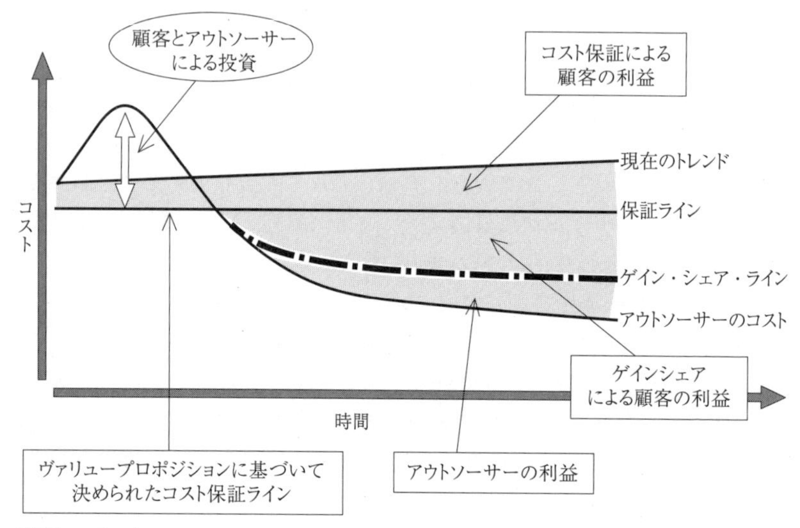

（資料）　プライス・ウォーターハウス・クーパーズ作成。

ラインが設定される。このコスト保証ラインは，現在のコストのトレンドとの差の積分を顧客企業に利益として保証するラインである。

BPO 開始後，実際にかかったコストとコスト保証ラインとの差の積分が BPO によって得られた利益であり，一定のフォーミュラによって算出され両者によって合意された利益シェア・ラインに従って，その利益が顧客企業とアウトソーサーとの間で配分される。

2-2　TQM，リエンジニアリングに代わる新しい経営革新の波

ビジネスモデルのアンバンドリングとリバンドリング

BPO が進む背景には，「スピードの経済」の到来と「ネットワーク経済」の出現が津波のように押し寄せて，企業に対して新しいビジネスモ

デルへの転換を迫っていることがある。

第1の「スピードの経済」の到来は，ビジネスモデルのアンバンドリング（分解）とリバンドリング（再収束）をもたらしている。

「スピードの経済」については，従来半導体の世界を中心として1.5年で2倍になるという「ムーアの法則」が妥当するといわれてきたが，最近ではインターネットの世界において1年で10倍になるという「ギルダーの法則」が妥当するようになってきている。この加速化するスピードの経済とともに，従来のビジネスモデルが崩れて新しい業態が生成・発展するとともに（アンバンドリング），基盤となる機能については，逆に標準化・共通化が進みプラットフォーム機能の形成が行われる（リバンドリング）という現象が進展している。

プラットフォームを境にしてその上部はアンバンドリングが進み，その下部はリバンドリングが進むというビジネスモデルの世界的再編が行われているのである。このアンバンドリングとリバンドリングをもっとも早く経験したのは金融分野であるが，1990年代に入ってコンピュータやインターネットの世界においても大きく進展している。

金融では決済機能，コンピュータでいえばウィンドウズやリナックスというOS（コンピュータを作動させるために一番基本となるソフトウェア。以下同じ），インターネットでいえばインターネット・プロトコール（IP）がプラットフォームとなって，プラットフォームの上部では，新業態（金融ではプロジェクト・ファイナンス，投資顧問，投資信託，金融保証保険など，コンピュータでいえば各種のソフトウェア，インターネットでいえば音声，データ，映像など）がデジタルの力により「モジュール（部品）化」され，さまざまな企業形態により供給されたり組み合わせて消費者や事業者に提供されるようになっている。

インターネットの世界では，通常の7倍のスピードで時間が流れており，ちょうど犬の1年は人間の7年分に相当することから“ドッグ・イヤー”との表現が用いられるが，こうしたアンバンドリングとリバンドリングは，インターネットの浸透とともに金融，コンピュータ，インターネット以外のビジネス分野にも急速に発展し，共通プラットフォームの出現とともにプラットフォームの上部では“ドッグ・イヤー”のスピード感覚で次々と新しい時代精神がうみだされていくようになるであろう。

第2のトレンドは，「ネットワークの経済」の出現とそれに伴うハードとソフトの融合である。現在企業は，世界的規模でアウトソーシング化，経営のオープン化，生産拠点間の相互供給ネットワーク化などを進めているが，このような経済システムは，従来の市場経済システムとはまったく異なるものである。

A. プレッサンは，その著『ネットワールド』において，情報通信革命により生産物中心のパラダイムから関係中心のパラダイムの転換が起こっているとし，今日の経済システムは，個別の生産者が市場を介して取引する市場経済システムとは異なり，生産そのものが共同生産の形をとり，しかもそれがグローバルな規模で行われ，グローバルネットワークのなかで新しい価値が創造されると指摘している。

このような経済構造の変化に関して，従来の「規模の経済」(規格品の大量生産によるコストダウンの追求)，「範囲の経済」(消費者需要の多様化・高度化に即応した多品種・少量生産）から「スピードの経済」や「アジル・コンペティション」への転換ということがよくいわれるが，これは正確ではない。

現在起こっている経済構造の変化は，インターネットをはじめとする情報通信ネットワークの発達により，「規模の経済」が妥当する部分(生産財・資本財を供給する部門等)，「範囲の経済」が妥当する部分（消費財・サービスを供給する部門等)，「スピードの経済」(ハイテク・情報通信産業等）が妥当する部分がつながり，全体として価値創造の連鎖が起こる「ネットワークの経済」が登場しているという事態である。

われわれは，「ネットワークの経済」がこのように多元的構造を有していることに留意しておく必要がある。

以上の第1の「スピードの経済」と第2の「ネットワークの経済」が

形成される段階においては，まず企業内でネットワークを通じた情報・知識の蓄積，それに基づく継続的なイノベーションが生成・発展することになり，企業が生産規模をふやせばふやすほど費用は低下する収穫逓増の状態が一般的となる。

また，企業のアウトソーシング化につれて分業関係が複雑に発展し，提携関係にある企業グループのみならず大学・研究機関等をふくめた産業ネットワークや産業クラスター（異なった業種，業態の企業がぶどうの房＝クラスター状に一定の地域に集積している状態）全体に対する需要が創出され，それが新たな産業の成長・発展を誘発していくという産業全体の収穫逓増状態が生まれる。

しかもこの収穫逓増状態は，新しいイノベーションが生まれるまでの一時的なものであり，いったんあるイノベーションの創造によりデファクト・スタンダードを獲得しても伝統的な経済学が説くように独占または寡占状態になるというわけではなく，つぎつぎと新しいイノベーションがおこり別の収穫逓増状態が出現するというプロセスがスパイラルに続くことになる。このような機能をもった産業クラスターは1990年代シリコンバレーにおいていち早く出現したが，現在では世界各地に展開している。

アメリカにおける経営管理の動向

こうして登場したBPOは，「新しい経営革新の波」とでも呼ぶべきものであるが，ここでその位置づけを明らかにするために，アメリカにおける経営管理の動向を振り返っておこう。

経営管理の萌芽は，第1次世界大戦の前後に見られる。そして1930年代の末には，大企業において経営管理が適用されるようになった。まず，アメリカでは，デュポン社とその姉妹会社ともいうべきGM，あるいは小売量販店のシアーズ・ローバックにおいて，ヨーロッパでは，ドイツのジーメンス，イギリスのデパート・チェーンであるマークス・アンド・スペンサーにおいて，経営管理が実践的に適用された。

経営管理が1つの体系としてまとめられるようになったのは，第2次世界大戦の直後であり，全世界的規模の経営管理ブームが起こったのは，1955年頃である。この頃“TQM”（Total Quality Management：総合的品質管理）が日本に導入されて“TQC”（Total Quality Control：全社的品質管理）として発展した。

しかしながら，アメリカにおいては，1970年代初めにいたるまで，経営管理とは大企業のものであると考えられてきた。しかし70年代後半以降，経営管理は大企業の管理組織よりも中小の企業組織において必要とされ，かつ，はるかに大きなインパクトをもつということが知られるようになった。そしてあらゆる所に経営管理が行き渡り，イノベーションを創出して雇用増加につながった。

その典型的な例がマクドナルドである。

マクドナルドでは，まず消費者に提供される最終製品であるハンバーガーを規定し，これに併せて生産工程を組み直し，設備をつくりなおし，肉，玉ねぎ，パン，フライドポテトそれぞれの一片にいたるまで，同一のものを同一の時間内に自動的に生産するようにした。

それと同時に，消費者に対して提供する価値とは，ハンバーガーの品質のみならず，店内の清潔さ，店員によるサービスの速さと親しみやすさであると分析し，これらすべてについて基準を決め，従業員を訓練し，給与システムもこのシステムに併せて定めた。このマクドナルドの例は，それまで中小零細のパパママ・ストア的な事業にはじめて経営管理を適用し，成功したものとして画期的なものであった。

このマクドナルドと同様のことが，中小の企業組織のみならず教育，医療，行政にまで広範に浸透した。例えば公共サービスの分野においても，学校教育のみならず，刑務所の経営管理や受刑者の更正訓練まで，民間への委託が進んだ。そのときの技法が“TQM”である。

“TQM”は，第2次世界大戦後，アメリカの品質管理の専門家によって品質管理の手法として開発され，その後日本に導入されて“TQC”に発展し，高品質の商品やサービスをつくりだす手法として，一躍世界の注目をあびるようになった。

日本で発展した“TQC”が供給者の視点に立って品質管理を行おうというものであったのに対して，日本での成功に触発されて再びアメリカで開発された“TQM”は，あくまでも消費者の視点に立って“顧客満足度”（customer satisfaction）を上げるために商品やサービスの品質を向上させようというものである。さらにアメリカでは，87年米国国家品質賞としてマルコム・ボールドリッジ賞（以下MB賞）の制度が設けられた。

“TQM”が生産工程の改善から出発し，商品やサービスの品質を向上させ，経営の体質改善を行うアプローチであるのに対して，MB賞は，企業経営全体の枠組みを構築し，企業戦略の策定から実践までの方法論が中心となっている。“TQM”と異なるのは，“クオリティ（質）”の考え方である。MB賞は商品の絶対的な品質ではなく，「他社商品よりも相対的に優れていると顧客が認める品質をつくりだす“仕組み”の品質」を実現するための手法として，経営そのものの質の向上，すなわち経営品質の向上を目的としている。

現在では，この経営品質の向上はアメリカの国家戦略としても位置づけられており，このことは，クリントン前大統領の「アメリカ合衆国は世界でもっとも競争力のある国である。クオリティはそのタイトルを保持する鍵である。マルコム・ボールドリッジ賞は，アメリカ企業が顧客を満足させ，全体的な業績と能力を向上させることに役立っている」との言葉にもっともよく表れている。

MB賞は，毎年大統領が製造部門，サービス部門，中小部門の3つの部門から最高6社に与える（99年からヘルスケア部門が追加されることとなった）。この賞を受賞するための審査基準を記したパンフレットは，全米で100万部配布されている。これに加えて書物の付録などとして利用されているものも含めると，ざっと200万部にのぼる部数が配布されており，まさに国家あげての競争力向上のための教科書的存在となっている。さらに州レベルでMB賞に相当する賞を設けている州は，97年で43州にも達しており，国のレベルのみならず，州のレベルを含めて重層的に経営品質の向上が促進されている。

P.ドラッカーは，「起業家精神のよってたつ原理原則は，既存の大組織であろうと，個人が独力ではじめたベンチャー・ビジネスであろうと，まったく同じである。起業家精神は，営利の企業であろうと非営利の公的サービス機関であろうと，あるいは政府機関であろうと非政府機関であろうと，ほとんどあるいはまったく差がない。……要するに起業家的経営管理というべきものが存在するのである」と指摘している[2)]。

このように“顧客満足度”を基準とした経営管理の技法や経営品質が社会を構成するセクターの隅々にまで浸透し，イノベーションの基盤を形成したればこそ，90年代後半のアメリカ経済が「ニュー・エコノミー」へと変身できたのである。一度停滞に陥ったゼネラル・エレクトリック（GE）を立て直したジャック・ウェルチ会長の言葉「品質の世界的規格をベストプライスで達成できなければ，ゲームから落伍する」はこのことを端的に表現している。

ビジネスモデルの変更へ：“リエンジニアリング”の提唱

このように経営管理の手法は，供給サイドの“TQC”から需要サイドの“TQM”へ，さらに商品の品質から経営そのものの質の向上であるMB賞へと移ってきた。しかし，そこにあるのは，企業のビジネスモデルは一定であるという仮定であった。いわば静態的（スタティック：static）な経営管理といえる。

これに比して，1990年代前半に唱えられた“リエンジニアリング”は，企業における仕事の区分を根本から考え直すこと，ゼロからスタートすることの必要性を指摘した。いわば動態的（ダイナミック：dynamic）な経営管理の先駆けといえるものである。

1993年，経営コンサルタントのM.ハマーとJ.チャンピーは，『リエンジニアリング革命』（原題：*Reengineering the Corporation*）を刊行して，“リエンジニアリング”をマネージメント議論の最前線へと押し出すこととなった。同書は，6カ月以上にもわたり『ニューヨークタイムズ』のベストセラーに載り，革命的な組織変革を提唱しているものとして世界的に注目された。

“リエンジニアリング”がこのように注目されることとなったのは，1990年代に入り顧客がより多品種の製品と質の高いサービスを求めるようになり，それに最も素早く答える柔軟性と機動性をもっている企業に，競争上の優位が与えられるようになったためである。同時に，過去10年間にわたる情報ネットワークに対する膨大な企業の投資が，実際に利益をもたらしはじめた。

“リエンジニアリング”は，企業組織の簡素化と柔軟性を保証し，情報ネットワークを最大限に活用するためのロードマップを提供するものとなった。これにより，情報を組織の上下に伝達するのが主たる役割であった中間管理職とヒエラルキー型の組織構造は，急速に時代遅れのものとなった。“リエンジニアリング”は，以前の“TQM”と同様に，しかもより速く，あっという間に企業変革の主役となった。1994年までに，アメリカの大企業の83％が“リエンジニアリング”を行っているとの報告がなされている。

経営管理上のBPOの意義：「ビジネス・エコシステム」の経営管理へ

BPOは，ビジネスモデルそのものの変革を迫って，そのうえで長期的業務委託関係によりサービスを買い入れる（Buy-In）ことにより常に最適なビジネスモデルの実現を目指すもので，“リエンジニアリング”をさらに推し進めた，究極の動態的な経営管理といえる。

しかも，従業員の転籍と「センター・オブ・エクセレンス」でのビジネスプロセス運用が基本となることから，経営サイドのみならず従業員サイド，企業サイドのみならず周辺のビジネスサイトとも有機的な関係を構築することを目指すものである。

このことは，21世紀に向けて「企業」という概念そのものが根本的見直しを迫られていることと密接な関係を有している。

21世紀におけるビジネスの基本単位は，従来の一企業から，企業間の戦略的提携や顧客とのインターアクションによる「ビジネス・エコシステム」（business eco-system）に移行する。「エコシステム」とは生態系のことで，ちょうど生態系を構成する個々の動植物のように，個々の企業が競争と協調を繰り返して企業群が全体として発展していくことから，「ビジネス・エコシステム」という表現が用いられる。

企業間の戦略的提携としては，コンピュータの分野でのマイクロソフトとインテルとの間の“ウィンテル”と呼ばれる関係が典型であるが，現在のグローバル競争のもとでは，企業はコアコンピタンスへの特化，それに対応したアウトソーシングを進めざるをえず，競争単位が一企業から，企業と顧客，企業と企業とが戦略提携をして生態系のような関係を作る「ビジネス・エコシステム」へと変化している。そこには，ベンチャー・キャピタリストなどの投資家や法律事務所，会計事務所，ヘッドハンターなどの企業のマネージメントをサポートする企業なども参加する。

1社だけの知識では競争に勝てないから，より強く，かつ，フレキシブルなネットワークを形成して，そこにコアコンピタンスをもつ企業だけが参加する。こうした「ビジネス・エコシステム」は，日本においても，ソニースタイル・ドット・コム，トヨタ，アサヒビールなど異業種6社による共同ブランド「WiLL」などにおいて現実化している。ここにおける戦略提携は，状況とともに変化する。これは「IT革命」が大きく進展して，前述のネットワークの経済とスピードの経済が相乗効果を引き起こすことになるからである。

「ビジネス・エコシステム」においては，顧客とのインターアクションも重要な位置を占める。従来は，新製品に対するニーズを把握するために，既存製品のユーザーを対象にした市場調査が用いられてきたが，この種の市場調査でえられるニーズに関する分析は，ユーザーの経験による制約という問題をかかえている。多くのユーザーにとって，製品の使用経験から問題点を指摘することは可能でも，これまでに存在したことのない製品属性を評価することは非常に難しい。特に，ハイテク製品では，技術環境が大きく変動しているため，一般的なユーザーの評価に依存していては，新製品が開発された時点で時代遅れになってしまう可能性もある。

そこで唱えられている考え方が「使用による学習」（learning by using）というもので，スタンフォード大学のローゼンバーグ教授が提唱した。「使用による学習」においては，リード・ユーザーが製品やサービスを使用することで，使用に関する新しい要求が顕在化し，製品の機能に対する新しいニーズが生まれる。このニーズに応える形で企業は新製品に新しい機能を付加していくため，製品の機能は顧客の学習の進展を反映した階層構造をとることになる。

このように，顧客とのインターアクションも「ビジネス・エコシステム」におけるイノベーションの一過程である。「ビジネス・エコシステム」が集積したものがシリコンバレーのような21世紀型の産業クラスターであり，めまぐるしく変わる競争環境の変化に即応して企業間の戦略提携の組替えが柔軟に行え，顧客とのインターアクションもダイナミックに行えるように，異なった産業が一定の地域に集積し，相互にサポートしてイノベーションを創造する機能を有している。

「ビジネス・エコシステム」が形成されたところでは，前述のように，企業レベルでの収穫逓増が産業レベルでの収穫逓増にまで発展する。しかも，「ビジネス・エコシステム」構築にあたっては，1国内で完結するという発想では不可能であり，世界的視野のもとに「ビジネス・エコシステム」の構築を進める必要がある。

こうして登場したBPOは，いってみれば「ビジネス・エコシステム」の経営管理といえるものであり，従来の経営管理の発想を超えたものである。この意味でBPOは，マネージメントからビジネスモデルの変更にまで及ぶ「新しい経営革新の波」とでも呼ぶべきものである。

ビジネスプロセスのマネージメント

このような「ビジネス・エコシステム」の経営管理の基本は，ビジネスプロセスのマネージメントである。

ビジネスプロセスのマネージメントとしては，バックオフィス分野における企業内，系列内の取引をオープン化すること，特に標準プロセスを採用することが必要となる。標準化の手段としては，インターネットを活用したERP（エンタープライズ・リソース・プラニング）が有効である。ERPの前提としては，OSを共通化することが必要である。ERPは，ある種のビジネス・プラットフォームであるが，ビジネス・プラットフォームが「企業内・グループ内の標準化」を要件とするものであるのに対して，ERPの方は，ERPソフトのサプライヤーが同じであれば，ユーザー企業のビジネスプロセスは同じになるという意味で，標準化の度合が一段高い。

もちろん，実際にはユーザーごとにカスタマイズ（ソフトウェアの導入に当たって，顧客のニーズに合ったように変更を加えられること。以下同じ）されるのでまったく同じにはならないが，少なくとも類似度は高く，ユーザー同士が取引を行ったり，チェーンを形成したり，さらには結合する場合の容易度が高いということができる。

ERPのイメージを具体的にもつためには，世界最大のパッケージERP企業であるSAP社（ドイツの企業で株式時価総額でマイクロソフトに次ぐ世界第2位のソフトウェア開発会社である）が提供しているR/3がサポートする機能とプロセスを見ればわかりやすい。

★R/3がサポートする機能とプロセス（バックオフィス分野）

財務会計：資産会計，キャッシュ管理，コストセンター会計，製品コスト会計，収益分析，収益センター会計，売掛・買掛勘定

生産計画・原料管理：購入，ベンダー管理，在庫管理，倉庫管理，原料計画，工場メンテナンス

人事：出張費，人事計画，給与，請求，財務統合，元帳

販売・流通：販売計画，オーダー管理，流通計画，プロジェクト管理，

品質管理，生産計画

ERPをサプライチェーンで共用すると，SCM（サプライチェーン・マネージメント）となる。いずれにしても，このようなビジネスプロセスやサプライチェーンの標準化が行われるのは，その方が安くて速いからである。もう1つ，ビジネスプロセスの違いが競争優位をうみだすものにならないということも認識されているからである。

このようなビジネスプロセスの標準化にはコストがかかる。企業内であれば，経営者が標準化の意思決定をすれば足りるが，SCMのような取引先も含めた標準化を実施するためにはコストが膨大となる。いずれにしても，投資の見返りが必要になる。そして，いったん標準システムを構築すると，そこから抜けることはコスト面で大きなマイナスとなる。ということは，ビジネスプロセスの標準化は取引関係の固定化につながりかねないということである。

「ビジネス・エコシステム」の経営管理としては，このようなビジネスプロセスのマネージメントのほかに，ビジネスモデルのマネージメントが必要となる。それは，21世紀の価値はビジネスモデルからうみだされる事業知識によって創造されるからである。重要なのは，ビジネスプロセスのマネージメントはむしろ当然のことであり，ビジネスモデルのマネージメントが競争力を有するうえで決定的な要素であるという認識をもつことである（ビジネスモデルのマネージメントについては，**4**-3で述べる）。

2-3　価値創造の時代：新たな成長戦略へ

ヴァリュー・チェーンの逆転

こうしたBPOの発展は，企業はコアコンピタンスに特化して，それ以外は長期的業務委託関係によりサービスを買い入れる（Buy-In）ことにより常に最適なビジネスモデルの実現を目指すもので，究極的には価

図表 2-3　ヴァリュー・チェーンの逆転

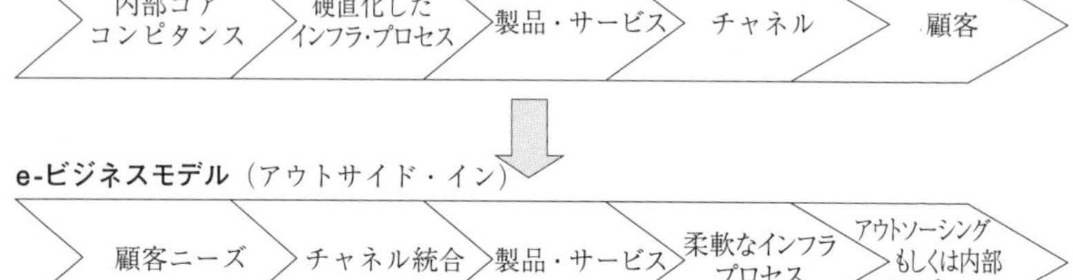

（資料）ラビ・カラコラ＆マルシア・ロビンソン作成。

値創造を目指すものである。

図表 2-3 に示すように，価値を創造するビジネスモデルを構築するためには，自社製品を出発点としてビジネスを定義する伝統的なヴァリュー・チェーン思考＝インサイドアウト・モデルを逆転させなければならない。伝統的なインサイドアウト・モデルでは，自社製品を市場に提供する際に，他社に比して競争優位であることに専念すればよかった。ところが，新しいビジネスモデルは，顧客主導のアウトサイド・インが基本である。

アウトサイド・インのビジネスモデルでは，戦略の立案は顧客の周辺から始まる。これはある製品が瞬時に時代遅れとなる産業構造の大変革期においては，インサイドアウト・モデルに固執することは危険である。むしろ発想を逆転させて，顧客ニーズに対していかに効果的な提案をするかというプロセスの構築が必要である。

高まる知的資産の価値

今やアウトサイド・インのビジネスモデルへの転換は，「IT 革命」の進展とともに企業の知的資産価値の上昇につながっている。このことを，まずアメリカ上場企業 1 万社における資産度数と株主資本利益率の関係で見てみよう。資産度数というのは，固定資産を売上高で割ったもので

図表 2-4　価値創造における知的資産の高まり

①　アメリカ上場1万社における資産度数と株主資本利益率

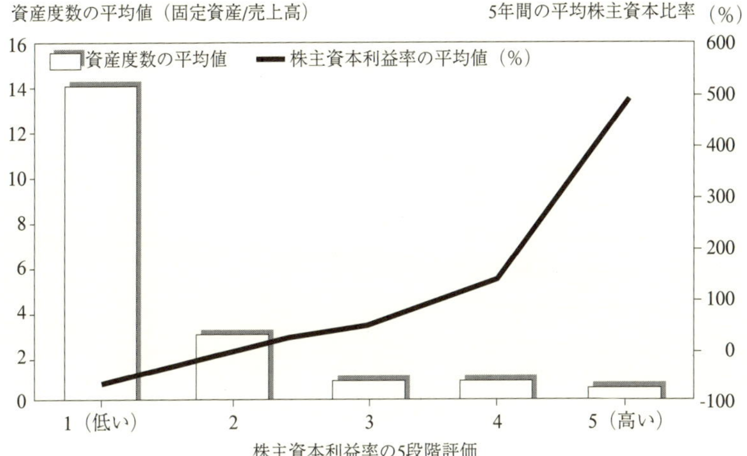

（資料）　アーサー・アンダーセン作成。

あり，一単位の売上げをあげるのに固定資産をどの程度使っているかを見る指標である。

図表 2-4①から明らかなように，多くの物的資産を有する企業ほど，資産の利用効率が低くなっている。株式時価総額5年間の平均株主資本利益率で比較すると，上位20%の企業は，下位20%の企業と比較して5倍もの利益率を上げている。また，株式時価総額と実物資産の比率を株価純資産倍率（PBR）というが，**図表 2-4**②が示すように，収入当たりの株式時価総額が高い企業がPBRが高くなっている。上位から10%の企業のPBRは，続く10%にあたる企業の約2倍であり，下位から10%の企業の4倍になっている。この上位10%にあたる企業においては，財務諸表に表われない資産のレバレッジが極めて優れていることになる。

株式時価総額は，必ずしも企業の知的資産のレベルを正確に反映したものではないが，それでもこのような指標を見ると，企業の価値創造に

② アメリカ上場 3,500 社における時価資本総額対簿価の比率

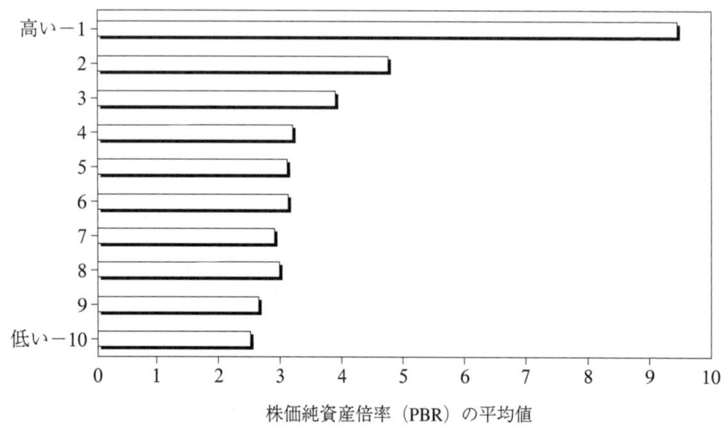

（資料） アーサー・アンダーセン作成。

大きな変化が起こっていることがわかる。

その要因は，大きくいって 2 つある。第 1 の要因は，「IT 革命」がニューエコノミーと知識社会の到来を加速化しているということである。インターネットの普及率は今や加速度を増している。このことは他のメディアと比較すると明らかであり，日本の場合普及率 20％のレベルに達するのに，ラジオ 38 年，テレビ 13 年に比し，インターネットはわずか 4 年になっている。こうしてもたらされるニューエコノミーにおいては，前述のように収穫逓増という新しい法則が働き出す。また，「スピードの経済」と「ネットワークの経済」の到来とともに，知識が競争力の源泉となる知識社会が生まれる。

ビジネスモデル特許・バイオテクノロジー特許の意味するもの

第 2 の要因は，知的財産権の範囲が拡大しているということである。これは，第 1 の要因を支える制度的要因といえる。

このことを決定的に印象づけたのは，ビジネスモデル特許とバイオテ

クノロジー特許である。まず，ビジネスモデル特許について言えば，特許の要件は新規性と有用性であり，ビジネスモデルは長らく特許の対象にならないと考えられてきた。しかし，1998年7月，この“常識”を覆す判決がアメリカで出された。「ステート・ストリート銀行事件」と呼ばれる事件で，特許を専門とする連邦高裁は“ハブ・アンド・スポーク”という投資管理方法に関する特許を有効と認めたのである。

この「ステート・ストリート銀行事件」は，アメリカに限らず，日本，ヨーロッパを含む国際社会にとって衝撃的な出来事であった。その衝撃は，巨大な波紋となって，経済界を揺り動かしはじめたのである。代表例をあげてみよう。

1999年10月アマゾン・ドット・コム社は，ネット販売方法に関して，ライバル企業であるバーンズ・アンド・ノーブル社を提訴した。この事件は異例のスピードで処理され，同年12月1日には仮処分が下された。バーンズ・アンド・ノーブル社は，アマゾン社の特許にかかわるネット販売方法を差し止められたのである。

1999年10月13日，プライスライン社は，逆オークション（通常のオークションとは異なり，買い手が指し値を出すネット・オークションの仕組み）に関するビジネスモデル特許を根拠に，マイクロソフト社およびその子会社であるエクスペディア社を提訴した。

また，ニュージーランドの女性発明家ハリングトンは，ネット販売特許に関し，インターネット検索会社であるヤフーを提訴した。この事件は，個人発明家の代理人として特許管理会社であるSBH社が提訴した点で関心を集めている。SBH社は，無料で事件を請け負い，勝訴あるいは和解で収入を得た段階で，所定の割合で支払を受けるいわゆる成功報酬に基づいて契約しているのである。

このように知的財産権の範囲が拡大していることは，遺伝子に関するバイオテクノロジー特許についても見られる。バイオテクノロジー特許については，最近の特許許諾の状況は，特許要件に“機能解明”を追加している。

遺伝子については，2002年または03年には人間のすべての遺伝子の解読を終了する「ヒトゲノム計画」が国際共同チームにより推進されている。2000年1月アメリカのベンチャー企業セレラ・ジェノミックス社が約9割の遺伝子情報を解読したと発表したとき，遺伝子情報が1企業に独占されるのではないかと大きな批判や注目を浴びたが，2000年6月には両者がこれまでの解読結果を共同で発表するという形で“和解”が成立し。今後の遺伝子解読に関しては，アデニン（A），チミン（T），グアニン（G），シトシン（C）の遺伝子の塩基配列自体は人類の共有資産として公開，これら塩基の機能解明は特許の対象という基本方針で処理されつつある。

行政当局も対応を強化している。2000年においては日本，アメリカ，ヨーロッパの3極特許庁会合において，特許権を付与する際の審査基準のあり方についてすりあわせを行った。また同年12月28日，日本の特許庁は，ソフトウェアだけでも「物の発明」として特許権の対象にするとともに（2001年1月10日出願分から適用），事業と電算機技術の双方の知識を兼ねた人が容易に思いつくアイデアは特許にならないことなどを内容とするネガティブ・リストを公表して，ビジネスモデル特許に対する審査基準を明らかにした（2000年12月28日から適用）。

このように特許をはじめとする知的所有権は企業が保有する「無形資産」の重要な構成要素となっているが，企業会計にもそれが反映されようとしている。すでにアメリカでは，損益計算書，貸借対照表，キャッシュフローに加えて，知的所有権報告書を企業会計に加える流れになっている。いずれ日本でも一般化するであろう。

このような状況のもとで，企業の知的財産戦略が強化されようとしている。その基本的方向は，「知的資産＝無形資産」という考え方に立って，知的資産の収益性を重視しようということにある。

そのためにとられている戦略は，次の2つである。

①　第1は知的資産の効率的管理であり，研究所や知的財産部門を事業部として独立させたり，ビジネスモデル特許の専門部署を設けたり，

個々の製品やサービスのブランドに対するブランド・マネージメント手法を導入したりしている。

② 第2は知的資産の継続的創造であり，ナレッジ・マネージメントを広範に導入することから開始して，現在ではIT投資の拡大，デジタル本社の構築，コーポレート・ベンチャー・ファンドの設立，企業グループ全体のグループ戦略の推進などが行われている。

外部資源の有効活用：競争戦略から成長戦略へ

こうした企業の知的財産戦略の強化が究極的に行き着く先は，外部資源の有効活用である。自社内の知的財産戦略の強化だけでは限界があり，特に知的資産の継続的創造では，外部資源を含めた資源の最適活用がなされなくては，有効な知的資産の創造が不可能となっているからである。

ここで必要となるのがコアコンピタンスへの特化とオープン経営・パートナーシップ形成による外部資源の活用である。このため企業本体ではASPやBPOが積極的に導入され，**図表2-5**で示すように，川上においてはサプライ・チェーン・マネージメント（SCM），川下においてはカスタマー・リレーションズ・マネージメント（CRM）が広範に展開される。このASPやBPO，SCM，CRMを実現するのが，後述するウェブ技術である。

このように見ると，「BPOは新しい次元でのアウトソーシングである」ということができる。従来のアウトソーシングは価値が一定との前提のもとに，その価値を創造するためのコスト削減，効率化の追求であったのに対し，BPOはそのような前提とは異なり，価値そのものを創造するために，外部資源を最適活用することまでを射程範囲に入れたものである。

このようなアウトソーシングの別次元へのレベル・アップは，企業の戦略が競争戦略から成長戦略へと転換していることと表裏一体の関係にある。競争戦略は現状のビジネス・フレームワークのもとでの競争であり，標準化，コストダウン，付加価値レベルでの競争が行われる。これ

図表 2-5　BPO と SCM・CRM

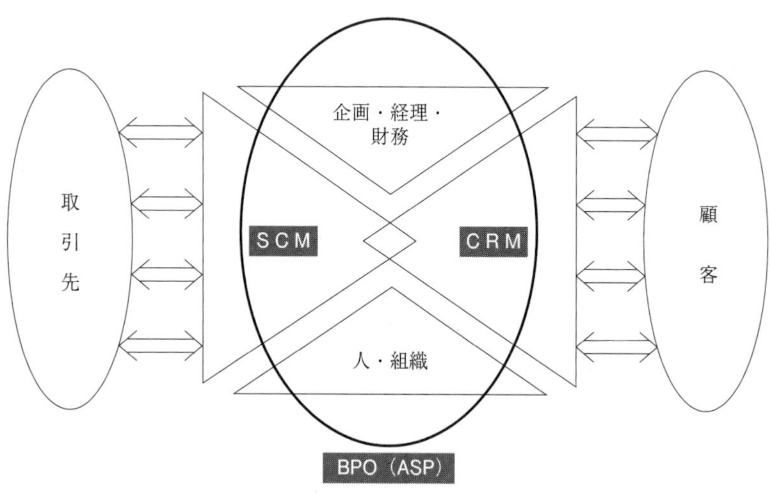

（資料）　アーサー・アンダーセンを加藤が一部修正。

に対して成長戦略は，将来に向けての競争であり，競争が業種の枠を超えて行われ，既存のビジネス・フレームワークを超えた価値創造を行おうとするものである。

ハーバード大学のマイケル・ポーター教授は，「オペレーションの効率化は戦略ではない」といっているが，これは企業の戦略の基本が競争から成長へと大きく転換したことを前提として，競争戦略のもとで行われたオペレーションの効率化が，成長戦略のもとではもはや意味をなさなくなったことをいっているのである。

2-4 指標としてのEVA

EVAとは？

BPOを推進する際，目指す価値を測定する手法がなければならないが，その手法として適用されているのがEVA（Economic Value Added：経済付加価値）である。

日本企業にとって利益とは，長らく損益計算書の最終行の数字，すなわち，「純利益」（ネットプロフィット）であると考えられてきた。純利益を計上するためには，有利子負債コストが営業利益を下回ればよく，資金のうちの自己資本（株主資本と内部留保の合計）については。コストゼロとして会計上計算することになっている。この考え方が，バブル以降，資産の肥大化とリスク管理不足を通じて，バランスシートの悪化を招いた。従来用いられていたROA（使用総資本利益率）やROE（株主資本利益率）などの指標も，自己資本にはコストはかからないとして計算する点は同じである。

これに対してEVAは，自己資本にもコストがかかると考えて，自己資本も含めた投下資本からどの程度の市場付加価値が生まれたかを指標として出すもので，今やBPOとは切っても切り離せないものとなっている。

また，「純利益」のもう1つの問題点は，キャッシュベースではないということである。現金で回収していなくても会計上は利益として計上されるが，キャッシュフロー改善に貢献しない利益は本当の利益ではない。現金回収されない利益は不良債権に転化する危険性があるからである。この点EVAは，キャッシュベースで「経済的な利益」（エコノミック・プロフィット）を計上する。

このようなことから，アメリカでは経営指標としてのみならず投資家からも注目されており，アメリカ最大の機関投資家であるカルパース（カリフォルニア州公務員年金基金）は，1997年から企業評価にEVAを採用している。EVAは日本においても導入が進んでおり，花王，ソ

図表 2-6① EVA とは何か？

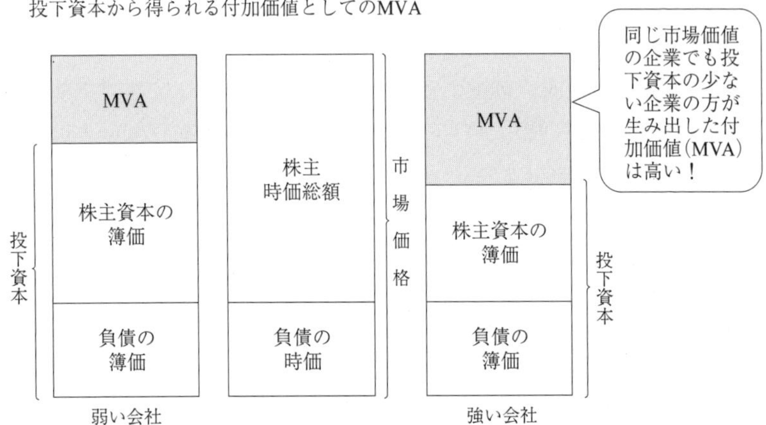

(資料) 『週刊東洋経済』2000 年 2 月 19 号および 11 月 4 日号。(図表 2-6 の②③④も同じ)

ニー，キリンビール，旭化成工業，HOYA，TDK，オリックスなどがすでに活用している。2000 年 4 月のオリックスに引き続き，野村證券が EVA を取り入れるなど，ようやく製造業の枠を飛び越えて適用されはじめた段階にある。

このように広範に導入が進む EVA とは，具体的にどのようなものか？

EVA を理解するためには，その前段階として MVA（市場付加価値：Market Value Added）を理解する必要がある。図表 2-6①が示すように，MVA は企業の市場価値から投下資本を引いたものである。ここにおいて市場価値は，株式時価総額と負債の時価を足したもの，投下資本は，株主資本と内部留保の簿価と負債の簿価を足したものである。

MVA 最大化を目指す経営は，MVA で表される付加価値を高めていくことである。ROA や ROE は効率性しか見ることがでいないが，その点 MVA は，投下資本の大小を考慮しながら，投資家の提供した資本が本当に有効に活用され，その価値が増大したかを測定することができる。

図表 2-6②

EVAの計算式

EVA＝	NOPAT（税引後事業利益）	－	資本費用
＝	売上高－営業費用－税金	－	投下資本×資本コスト
＝	一定期間に資本を元手に生み出された付加価値		

しかしMVAは，企業の長期的な成果を測る指標としてはすぐれているが，株価に基づく外部指標であるため常に変動するという欠点も有している。また，株価は1社に1つしかなく，事業部門ごとの評価をすることもできない。

そこで開発されたのがEVAであり，投下資本を元手にどれだけ真の経済的利益をうみだせたかを測る内部的な業績手法である。それはNOPAT（税引後事業利益）から資本費用を引いたものとして算出される。**図表 2-6②**に計算式が示してあるが，投下資本の関するコストを減価償却と資本費用で認識し，企業がうみだす付加価値を一期ごとにフローで捉えたものである。

NOPATは，企業が本来の事業活動を通じてうみだす税引き後利益のことで，事業運営によって発生する利益と費用を，会計ルールにとらわれずに，経済合理性に基づいて期間配分する。投下資本とは，株主資本と内部留保の簿価と負債の簿価を足したものであり，資本コストとは資本コストと税引き後負債コストとを，資本の時価と負債の構成比で加重平均した数値のことである。

ここで資本コストという概念が登場するのは，株主がその企業の株式を購入するのと同様のリスク別の投資を行ったり，経営者が内部留保を同様のリスク別の投資を行ったりする際に，それらの投資から得られると期待するリターンに相当する“機会費用”を考慮するためである。

図表 2-6③に示すように，EVAとMVAは，将来のすべてのEVAを現在価値に割り引いたものがMVAであるという関係にあり，将来の

図表 2-6③

MVAとEVAの関係

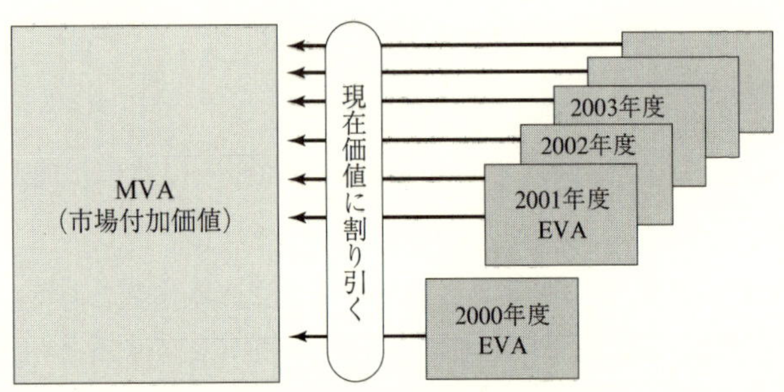

EVA を期待以上に改善させることが MVA を拡大することになる。EVA はフローの概念であり，MVA はストックの概念であるといえる。

EVA と同じフローの指標に FCF（フリー・キャッシュ・フロー）があるが，FCF では，投資を行う最初の期に投資に全額を支出してしまうことになるのに対して，EVA では，投資にかかるコストを利益が得られる複数の期間に配分しているので，より正確なフローの指標が提供される。

ソニーはなぜモノづくりをやめたのか？

2000 年 10 月 18 日，ソニーは日本と台湾の生産工場を世界最大の EMS（生産請負会社）であるソレクトロン（本社シリコンバレー）に売却することを表明した。今後それらの工場のカーエレクトロニクスとヘッドフォンステレオの生産は，ソレクトロンにアウトソーシングする。これまでモノづくりに関して自前主義を貫いてきたソニーの大きな方向転換である。

なぜ，ソニーは工場の売却と生産委託を決断したのか？　実は，これこそ EVA を活用した典型的な意思決定なのである。単に利益だけで，ソニーは今回の決断ができたか？　答えは「ノー」だ。工場を売却し，生産委託すれば，できた製品を購入する費用がふえるので，利益にはマイナスに働く場合が多い。しかし，EVA ならば，利益が減少しても，工場を売却した分だけ資本が圧縮され，EVA の改善要素となる。EVA は，前述のように，企業が一定期間に資本を元手にどれだけ付加価値をうみだしたかを示す利益指標である。

要は，利益に与えるマイナスと資本の効率化の両方を見て，そのバランスで後者のプラスが多いと判断すると，工場の売却と生産委託を決断することが合理的になるのである。

EVA がプラスであれば，その事業は資本コストを上回る付加価値をうみだしたことになす。逆に EVA がマイナスならば，価値を減少させていることになる。この EVA を巡るシンプルな考えが，ソニーの構造改革を後押ししているのである。

EVA は株主価値のみの増大を目指すものではない！

EVA は株主価値のみの増大を目指すものと捉えられがちである。しかし，EVA は NOPAT（税引後事業利益）から資本費用を引いたものとして算出されるものであり，株主の利益だけを優先するものではない。

EVA の考え方においては，株主の利益は，顧客，従業員，取引業者，銀行に次ぐ最後の位置づけを与えられている。すなわち，株主が受け取る利益は，顧客や従業員が満足すべき利益の配分を受けた後の残余利益である。しかし，残余利益といっても，その額は株主が十分満足すべきものでなければならない。その意味で，株主を満足させることは，他の利害関係者すべてを満足させることにつながる。

従業員の給与については，図表 2-6④に示すように，報酬体系を根本から変えることはせずに，業績給の一部を EVA とリンクさせる。従業員の給与は固定給と業績給とでなっているが，業績給のうち一部を従業員が属する事業部門の EVA を反映させた形で決めるようにするのである。

しかも，EVA が対象としている自己資本は，株主資本からのみ構成されているものではない。自己資本は株主資本と内部留保との合計であ

図表 2-6④

EVAを活用した報酬体系

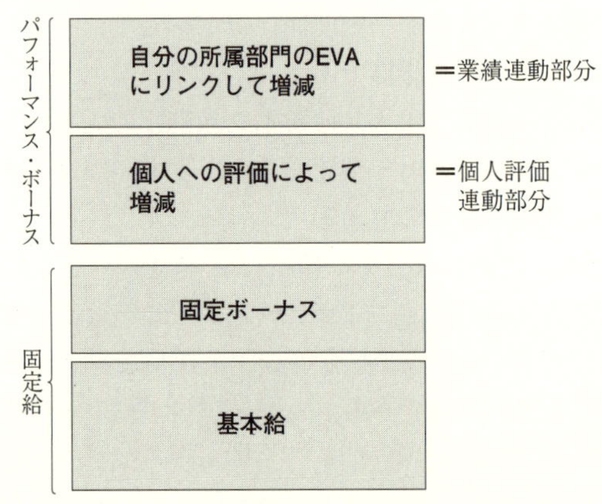

り，日本企業の場合，この株主資本と内部留保の比率はだいたい１対１である。財務内容が優良な企業の場合は，内部留保が７割に達するところもある。内部留保は，毎年の利益のなかから株主に対する配当として流出させずに，企業のなかにため込んできたお金である。それは，従業員がそれを蓄積するために汗を流してきたお金でもある。そのお金が効率的に付加価値をうみだしているのか，EVA はそのことを問う指標でもある。

部門別のパーフォーマンスを測定できる EVA

EVA は，経営者のための指標ではない。逆に，EVA の最大の特徴は，損益利益書（PL）と貸借対照表（BS）がつくれるかぎりどんな小さなユニットにも導入できるところにある。EVA という共通した業績評価を各事業部，営業所，そして最終的には社員１人１人にまで浸透させ，評価することが可能である。

キリンビールは，そのための先駆的な取り組みを進めている企業である。同社は，EVA の考え方を子会社，事業部，そして社員にまで浸透させるため，EVA を上昇させるための共通の指標を作成している。それは，① 売掛金の回収サイトの短縮，② 在庫の削減，③ 余剰資金の有効活用（子会社は余剰資金をため込まず，投資案件がない場合は配当をふやし本社に還元する），④ EVA マイナス事業からの撤退，⑤ EVA プラス事業の M&A（合併・買収）である。

この5つの指標が改善すれば，EVA はプラス，逆に悪化すればEVA はマイナスになる。このように，EVA そのものではなくその変動要因を具体的に示すことで，EVA の現場への浸透を図っている。キリンビールでは，①から③は各子会社，④と⑤は事業部スタッフというように役割分担を徹底し，現場社員にも①から③を改善することで会社の EVA 改善につながる行動を要求している。

各事業部のレベルにまで EVA の考え方を浸透させている企業として，オプトエレクトロニクス（光電子工学）メーカーである HOYA がある。HOYA は，98 年 4 月に経営の最高指標として EVA を採用した。ただし，実際に導入したのは EVA そのものではなく，SVA（Shareholders Value Added：株主付加価値）と呼ばれるものである。EVA が投下資本を分母にしてコストや利益率を計算するのにたいして，SVA は総資産を分母にして計算する。同一企業であれば，計算結果は同一になるが，現場の社員は，通常は機械や設備，店舗など目に見える資産をベースにして働いているため，総資産を分母にする方が社員にとってわかりやすい，との判断に基づく。

HOYA では，各事業部が合理化・増産投資，M&A，新事業参入の計画書や四半期ごとの予算書を本社に提出するときに，SVA の見通しを入れなければならないこととされている。

また，1 人 1 人の社員のレベルにまで EVA の考え方を浸透させているユニークな企業として，半導体試験装置最大手のアドバンテストがある。アドバンテストは，2000 年 4 月 EVA の概念を取り入れた経営指標 AVA（アドバンテスト・ヴァァリュー・アッディッド）を導入した。AVA そのものの算出手法は EVA と同じであるが，アドバンテストのユニークなところは，それを社員1人1人の行動と結びつけるためにAVAを全員参加のABCM（活動基準原価計算・経営管理）と結びつけたところにある。

アドバンテストの社員は，毎日の作業終了後「半導体試験装置の組み立てに6時間」，「部品購入に1時間」，「製品の検査に2時間」などと，その日の作業と所用時間をパソコンに入力する。ABCMは，「アクティビティ日報」と呼ばれるこのフォーマットによって，社員の活動ごとの費用を把握しようという試みである。その結果，費用対効果を考慮して業務改善を進めようというのがAVAとABCMの結合のねらいであり，具体的に業務改善が進めば，営業費用の低減を通じてAVAが改善する。AVAを単なる経営管理の指標のみならず，従業員1人1人の業務改善への誘因として活用しようとするものである[3]。

（注）

1）「アウトソーシング2000」（2000年7月26日～28日，日経BP社主催）におけるマイケル・コルベットのプレゼンテーションによる

2） P. F. ドラッカー［1985］（小林宏治監訳，小林惇夫・佐々木実智男訳）『イノベーションと企業家精神：実践と原理』ダイヤモンド社。

3） 以上，キリンビール，HOYA，アドバンテストにおける取組みについては，『週刊東洋経済』2000年11月4日号による。

3 アウトソーシングの発展段階とe-BPO

3-1 4段階で進むアウトソーシング

4段階モデル

ここでBPOの位置づけを明らかにするため，アウトソーシングの発展段階を整理してみよう。**図表3-1**はアウトソーシングの4段階モデルを示している。この4段階モデルは，花田教授の3段階モデルにさらに第4段階目としてe-BPOを加えたものである。この第4段階目としてのe-BPOは，広い意味では，第3段回目のBPOの一形態といえるものであるが，今やIT革命の進展とともにe-BPOは急速に進展しており，BPOの大半はウェブ技術を活用したものとなると考えるため，第4段階目として独立させたものである。

発展段階に即して，順次見てみよう。まず，第1段階では，コスト削減を中心として，短期的利益の追求を目的とした活用となる。この段階では，顧客企業の目的が企業組織の合理化・効率化にあるため，そこから派生するアウトソーシングは，自ずからコスト削減効果をねらったものとなる。日本のアウトソーシングはこの段階にある。アメリカでは，80年代前半に情報システム部門などで始まり，80年代後半になると，人事，総務などの間接部門の効率化の一環として広まった。

第2段階は，こうしてコスト削減で始まったアウトソーシングが一歩進んで，アウトソーサの専門性を活用するようになる段階である。既存のプロセスに付加価値をつけようとする動きである。この段階においては，企業の視野が中長期的なものに転換するため，アウトソーサーから決められていたサービスを提供していたのが，次第にアウトソーサーの専門性を顧客企業が吸収し，新たな業務に活用するようになる。こうな

図表 3-1　アウトソーシングの発展段階

<table>
<tr><th>発展段階</th><th colspan="2">活用の目的</th><th>日米の段階</th></tr>
<tr><td>1</td><td>コスト削減中心
(短期的利益追求型)</td><td rowspan="2">切出し (Push-Out 型)</td><td>日本</td></tr>
<tr><td>2</td><td>アウトソーサーの専門性活用
(コ・ソーシング型)</td><td rowspan="2">アメリカ
(〜'98)</td></tr>
<tr><td>3</td><td>ビジネスモデルの組替え
(BPO 型)</td><td rowspan="2">買入れ (Buy-In) 型</td></tr>
<tr><td>4</td><td>ビジネスモデルの組替え
(e-BPO 型)</td><td>アメリカ
('99〜)</td></tr>
</table>

(資料)　花田光世 (慶應義塾大学教授) を加藤が発展させたもの。

ると，双方の組織間でより緊密な業務のネットワークが構築されるようになり，双方ともに新しい業務の可能性が展望できるようになる。このような状態を，双方がアウトソーシングし合うという意味を込めて「コ・ソーシング」(co-sourcing) と呼ぶ場合もある。

第 1 段階から第 2 段階への進化のプロセスは，どちらの場合も，業務を組織の外部に出していくという点で共通している。その意味では，どちらも切出し (Push-out) 型のアウトソーシングということができる。

ところが 1995 年以降のアメリカ企業は，外部企業の活用の仕方をさらに変化させてきている。企業内部にあった業務を外部企業からのサービス提供に単純に切り替える切出し型から，業務をコアコンピタンスに特化するにあたって積極的に外部企業を活用し，価値を買い入れて新規事業に乗り出そうという発想の転換が行われる。買入れ (Buy-in) 型のアウトソーシングである。

これが第 3 段階のアウトソーシングであり，BPO である。ここでの企業戦略は，単なる利益追求から価値創造へと発展する。この段階における アウトソーサーと顧客企業との関係は戦略的な提携関係であり，前述した「ビジネス・エコシステム」へと進化する。

第 4 段階は，この第 3 段階の BPO がウェブ技術を活用したものへと発展したものである。情報ネットワークのみならず，購買，人事，福利厚生に至るまですべてウェブ技術を活用して行われるようになる。

この段階においては，従来の企業の枠組みは，その輪郭を失い，企業の業務のみならず意思決定もフラットな構造で行われるネットワーク型組織となる。「ヴァーチャル・カンパニー」（Virtual Company）といわれる形態にまで企業組織が進化し，「資産を持たない経営」が実践される。アメリカでは，「IT 革命」の進展とともに，1999 年からこの第 4 段階が急速に進展している。

花田教授は，この第 4 段階においては 3 つの「E」が必要になると指摘している。3 つの「E」とは，「External」，「Extended」および「Electronic」であるが，「External」の「E」は外部資源の有効活用であり，「Extended」の「E」は自らを開き革新することであり，「Electronic」の「E」はデジタル化した手段であるウェブ技術を積極的に活用することである。

この第 3 段階と第 4 段階のアウトソーシングに共通しているのは，それまでの切出し型から，新しい価値をサービスという形でその都度購入する買い入れ型に大きく転換していることである。そこには 180 度の発想の転換が読み取れる。

アウトソーシングの評価

このようにアウトソーシングは段階的に発展していくが，ここで重要なのはアウトソーシングの効果を定量的に評価し，その効果を確認しつつ，次のステップへとステップ・アップしていくことである。そのために評価指標が必要となるが，キャッシュフローなどの財務的指標は，起業活動の結果のみを評価するものであり，なぜそのような結果になったのか，その結果をもたらしたプロセスはどうだったのか，などの視点をも入れて評価することはできない。

その実状を踏まえ，新しく考案されたのが「バランス・スコアカード」である。「バランス・スコアカード」は，ハーバード大学のロバート・キャプラン教授らが開発したもので，① 伝統的な財務的視点，② 顧客の視点，③ 社内ビジネスプロセスの視点，④ 学習と成長の 4 つの項目ごとに，次の具体的な指標を設定している。

① 財務分野：売上，経常利益，キャッシュフロー

② 顧客分野：顧客満足度，リピーター比率，市場シェア，新規顧客獲得率，顧客内シェア

③ 社内ビジネスプロセス分野：社内のユーザーの満足度，サイクルタイムの短縮，内外のトータル投入工数の短縮

④ 学習と成長分野：競争力強化（競合企業との勝ち負け数），コアコンピタンスへの経営資源の集中度，従業員満足度，戦略的な分野への教育頻度と質，戦略分野のスキルアップの向上度

アウトソーシング導入にあたっては，当事者間で「サービスレベル・アグリーメント」（SLA）が締結され，一定の基準のサービスレベル実現のために，「バランス・スコアカード」のような定量的指標に基づいてサービス提供プロセスが管理される。

3-2　まだまだこれからの日本企業

第 1 段階が中心のアウトソーシーの対応

このようにアウトソーシングの発展段階を 4 段階モデルで整理してみると，日本企業のアウトソーシングは，第 1 段階あるいは第 1 段階と第 2 段階の中間（第 1.5 段階）に属するものが大半であり，第 2 段階以上のものは“まだまだこれから”という状況である。

ただし，「IT 革命」の進展のなかで第 2 段階あるいは第 3 段階のものも見られるようになっており，今後急速にステージ・アップすることが予想される。ここでは，主要な企業（アウトソーシングの受け手であるアウトソーシー）の取り組みを具体的に見てみよう。

❶ 第1段階の日産

自動車業界は，世界的なビジネスの再編とリストラの過程にある。このなかで「日産リバイバル計画」を実行している日産は，1998年末からIT部門のアウトソーシングを進めている。その内容としては，

① 日常的な業務システムの保守・運用は，IBMへアウトソーシング（北米は1999年10月から，日本は2000年10月から）

② テレコミュニケーション（データ，音声）業務の保守・運用は，日本テレコム，AT&T，BTグループへアウトソーシング（グローバルに2000年1月から）

③ これに伴い，情報子会社NICをIBM子会社化（100％）し，要員（900人強）の関連会社への移籍・出向

などを進めている。今後は，経営支援を受けているルノーとの協調，グローバルなアウトソーシングによる資源の集中化，グローバルパートナーシップの強化などが課題である1)。

これとともに，財務会計管理と人事管理を対象に，本社および現地法人などの情報システムをSAP社の業務統合パッケージ・ソフト（ERP）のR/3ベースの新システムに統合し，「日産リバイバル計画」に基づいて新設した世界本社機能「グローバル日産」（GNX）が世界規模の戦略を策定するのに必要な情報をリアルタイムで収集・分析する体制を整えている2)。

❷ 第1.5段階のNTTドコモ

インターネット接続の携帯端末iモードで伸びているNTTドコモは，アウトソーシングを積極的に活用して急成長した企業である。単にリストラ対応という目的ではなく，企業の成長戦略にアウトソーシングを活用した企業という意味で「第1.5段階」と形容しうる。

ドコモの急成長を支えたのは，端末の販売におけるアウトソーシングである。特に利用がビジネス中心から個人ユースに発展していくのに伴い，販売窓口を都心から郊外へと面的に拡大する必要があり，1年間で一挙に首都圏だけで200以上の店舗に代理店として販売委託し，販売量

の95%をアウトソーシングした。

また，販売が予測を大幅に上回り，普及率もアメリカを追い越すスピードとなってきたこと，音声中心の市場は，見込みより早く飽和点に達することが明らかになってきたため，96年後半から「ボリュームからヴァリューへ」を合い言葉として非音声へと軸足を移す戦略転換を開始した。このため，情報処理系の人材が不足となったため，外部から人材を大幅に投入した。これも広義のアウトソーシングといえるもので，その結果iモードが爆発的にヒットした。

現在NTTドコモは，ユニークなアウトソーシング戦略を展開している。移動体通信の付加価値の源泉は，「端末機→ネットワーク→アプリケーション→コンテンツ」とシフトしつつあるが，アプリケーションやコンテンツになると，個人の創造性に大きく依存する。そこで，iモードのプラットフォームを一般に開放して，誰でも自由にアプリケーションやコンテンツを載せることを可能にしている。その結果，ボランタリー・サイトは数万件にも及んでいる[3)]。

❸ 第2段階のマツダ

自動車産業のなかにあって戦略的アウトソーシング戦略を展開しているのは，マツダである。マツダの戦略的アウトソーシングのねらいは，

① 経営戦略に連携するIT戦略の強化（業界・フォードビジネス協業戦略，e-ビジネス〈ITによるビジネスの革新〉）

② 財務構造改革に連携したITマネージメント強化（関係会社のシステムの統括，ITコストの削減と構造の改善）

の2つである。このため，わずか9カ月間の検討期間の後，99年11月には日本IBMとの間で10年6カ月の期間にわたる戦略的アウトソーシング契約を締結し，同月新会社（日本IBM中国ソリューション）を設立した。日本IBM中国ソリューションは，従来情報関連の業務を行っていたマツダの子会社からの転籍157人，マツダからの出向157人，日本IBMからの出向21人で構成されている。マツダ，日本IBM中国ソリューション，日本IBMの関係は，**図表3-2**のとおりであり，戦略的アウ

図表 3-2　マツダの戦略的アウトソーシング

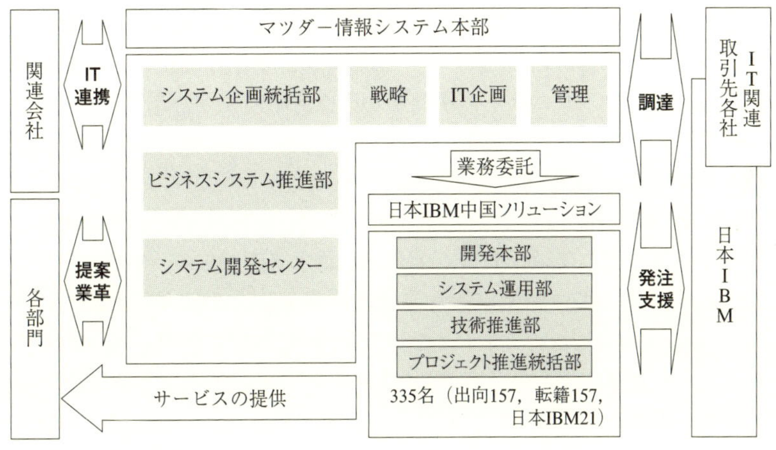

（資料）　マツダ作成。

トソーシングの典型的なものとなっている。

今後のマツダのアウトソーシング戦略は，次のアクションの実施により「マツダ e-ビジネスモデル」を構築することである。

① IT によるビジネス革新推進パワーの強化――IT ベンダーとのパートナーシップによるソリューション提案力の強化

② IT アウトソーシング機会の継続的拡大――関連会社 IT 機能強化に対応したアウトソーシング，および――システムリスク・マネージメントの一環としてのディザスター・リカバリー（事故回復）のアウトソーシング

③ IT アウトソーシング・ノウハウを活用した BPR の推進　―社内のノンコア業務のアウトソーシング（総務，人事，購買等）

この段階においては，アウトソーシングの第 3 段階ないし第 4 段階が実現されるであろう[4)]。

本格化しはじめたアウトソーサーの活動

日本のアウトソーシングは，いまだ第1段階が主流であるが，アウトソーシングの第2段階以上のものに対応したITアウトソーシングを中心として，アウトソーサーの活動が次第に活発になってきている。

ここでは，そのうち主なものを見てみよう。

❶ NECのBiz City

NECのBiz Cityは，インターネット型のアウトソーシングである。基本サービスとしては，商談，受発注，請求支援がある。また，追加支援サービスとして，物流支援，決済支援がある。2000年7月からは，電子商取引のアウトソーシングを行うものとして，マーケットプレイスBiz Cityを運用している。これには，売り手と買手のコーディネート（商談から決済まで，運送も）を行うものと，電子商取引のシステム運用を行うものがある[5)]。

❷ 日立の企業間メディア・サービス（TWX-21）

これは会員制の企業間電子商取引サービスとしては，国内最大のものである。2000年7月現在，製造業の57％に相当する7,200社が参加している。販売業務支援サービスが中心であるが，その他，民間建設工事の施工を建設会社会員に広く公募する施工者選定支援サービスも提供している。

この企業間メディア・サービス（TWX-21）については，これを基盤として活用したASPサービスへと拡充が図られており，国内外の他のマーケットと連携している。

また，金融関係では，ネットワークバンキング共同センター・サービス，日立J-Debit決済センター・サービスなども提供している[6)]。

❸ 日本IBMのe-ビジネス

❶と❷は特定の分野における取り組みの事例であるが，日本IBMは総合的なアウトソーシング・サービスを提供することを目指して，1993年アウトソーシング事業部設立以来積極的な活動を展開している。オムロン，大和銀行（JV方式），マツダ（IBM子会社方式）などと戦略的

アウトソーシング契約を締結してきたが，99年にはコンビニ ATM センターの運営をする会社であるイーネットを立ち上げた。その他，地銀の情報システムの共同化アウトソーシングなどにも取り組んでいる。後述するアウトソーシング協議会の有力メンバーである。

第3段階から第4段階へ：先行するミスミ

このように日本におけるアウトソーシングは，ようやく第2段階以上のものが始まってきた段階であるが，日本においても第3段階から第4段階へと突き進んでいる企業がある。

カタログ通信販売で金型や FA 用部品などを販売している商社であるミスミがそれであり，最近では，そこで培ってきたノウハウを活かして，医療材料や食材などの新規分野にも参入し，業績を伸ばしている。

ミスミの1999年3月期の売上高は，約380億円の中堅企業であるが，営業利益は42億円，営業利益率は約11%と高い収益性を誇る。大手総合商社の同月期の営業利益率が2%程度であることを考えると，この利益率は驚異的ともいえるものである。

この優れた業績は，田口弘社長が企業理念として掲げた次の3つのポリシーを追求していることから生まれている。

①　マーケット・アウト（購買代理店）

②　持たざる経営

③　オープン・ポリシー

ミスミは，この3つのポリシーを具体化するため，新しい情報通信技術やコンセプトを積極的に導入している。②の「持たざる経営」と③の「オープン・ポリシー」の具体化としては，バックオフィス業務を徹底的にアウトソーシングしており，給与計算は文化放送ブレインが開発したシステムをアウトソースし，総務に関しては人ごとアウトソーシングに出している。会計については第一生命情報システムが開発した R/3（SAP 社の ERP アプリケーション）を ASP として利用している。

この会計における ASP は，97年国際会計基準に合うよう会計システムの見直しを行った際に導入されたものであり，ASP という概念が注目されるかなり前のことである。

また，調達・販売・物流機能をもつ基幹系のシステムは，開発・運用を大和総研に任せており，情報システムに携わるミスミの社員は，システム全体の企画や概要設計を行うわずか 4 人しかいない。このようにミスミは，アウトソーシングの第 3 段階から第 4 段階へと先行している数少ないケースの 1 つである。

さらにミスミが注目されるのは，会計システムにおいては ASP ユーザーであるが，コア業務に関しては ASP のサービス提供者になっていることである。「ヴォータル（Vortal）」事業構想がそれで，2000 年 6 月にスタートした。

これは，ミスミの顧客企業（既存顧客が 9 万社，休眠顧客を含めると 17 万社）に対して，ウェブを活用して ① 情報提供（基幹系システムで保有している取引先，品目，価格，納期などのデータを提供する），② 半導体などに関する受発注のマッチングなどの各種代行サービス，③ メインの商品である金型などの電子商取引などのサービスを提供するものである。

これは，企業ポリシーの第 1 番目にある「マーケット・アウト（購買代理店）」の具体化といえるものであり，インターネットを使った ASP 化によって企業理念のさらなる発展を目指そうとするものである。ASP ユーザーという経験を生かして，新しい ASP サービス提供事業に乗り出したケースとして今後の発展が注目される。

3-3　アウトソーシング産業の基盤：「アウトソーシング協議会」

アウトソーシング産業の調査研究

最近，めまぐるしい発展を見せているアウトソーシングは，1998 年で 92 万人の雇用，17 兆円の事業規模を有しているが，政府は，2010 年には140万人の雇用，33兆円の事業規模に拡大すると予想している。このように発展するアウトソーシング産業に対して，日本の民間サイドはどのように取り組んできているのであろうか？

この点に関しては，1999年7月日本のアウトソーサーの連合体として「アウトソーシング協議会」が発足したが，それまでの軌跡を見てみよう。まずスタートは，通商産業省からの委託により96年に「アウトソーシング産業の育成に関する調査研究」を実施し，アウトソーシングの定義や現状，効果，課題を総論的に整理した。これを受けて97年には，以下の3つの具体的事項について調査を実施した。

①　アウトソーシングのコスト削減効果分析調査

企業がアウトソーシングを行う際の目的の1つであるコスト削減面に着目，コスト削減効果を定量的に提示することを試みた。

②　アウトソーシングに係るトラブル事例調査

アウトソーシングをめぐるトラブル事例を収集・整理し，トラブルの中身を分析・検討することにより，アウトソーシングを始めるにあたっての注意点やトラブルへの対応の方向性を提示した。

③　アウトソーシングに係る企業のディレクトリーの作成

アウトソーシングについての業態分類を行うとともに，それに応じた企業リストを作成，ホームページ上で公開した。

このうち，アウトソーシングのディレクトリーについては，1998年にディレクトリーをより充実した使い勝手のよいものにするため，検索機能の強化，掲載企業の追加，掲示板・資料請求機能の追加などを実施して，改善を図った。

「アウトソーシング協議会」の発足

アウトソーシングは業種が広範かつ多岐にわたる産業であり，さらに提供するサービスは新規性が高いという特徴をもつ。そのためアウトソーシングサービスに対する正確な理解もいまだ十分なレベルに達しているとはいえず，さらにサービスに対する評価という問題も起きてくることが予想される。

1999年7月，これまでの基礎調査やアウトソーシング・ディレクトリーの作成などの成果を踏まえて，アウトソーサーと大学研究者が共同でアウトソーシング産業の動向について検討し，今後のアクションについて提言を行う場として「アウトソーシング協議会」が設立された。会長は，慶應義塾大学の花田教授。会員としては日本IBM，アンダーセンコンサルティング，NTTデータ，日本EDS，パソナ，ヒューマンリンクなど，日本の主要なアウトソーサーが参加している。

具体的な活動内容は，以下のとおりである。

① アウトソーシング白書／契約にまつわるモデルケースの作成
→アウトソーシングサービスプロバイダーの情報公開

② アウトソーシングディレクトリーの設置・運営
アウトソーシングサービスプロバイダーおよびユーザー間の流動性の確保
情報をあらゆる角度から提供する

③ 業界倫理綱領の作成
業界としての一定のルールづくり

④ 定期刊行物の発行
アウトソーシングの最新動向などを紹介

このように，「アウトソーシング協議会」はアウトソーシング産業の発展の基盤として機能しているが，先ほどのアウトソーシング発展4段階でいえば，従来の活動は主として第1段階ないし第2段階の切出し型を念頭においたもので，日本のアウトソーシングが価値創造の買入れ型に大きく転換していくことに対応して，その活動を質的に転換することに迫られているといえよう。

3-4　注目されるe-BPO

伸びるe-エコノミー

99年からアメリカでは第4段階であるe-BPOが急速に展開していると述べたが，これは「IT革命」が特に「B-to-B」（ビジネス・ビジネスの取引）で進展していることが大きい。

実はアメリカでも「IT革命」が実際経済にインパクトを及ぼしているかどうかについては，論争があった。有名な「ニューエコノミー」が登場しているかどうか，という論争であるが，「ニューエコノミー」の計測が難しいため，なかなか決着がつかなかった。「IT革命」の進展にもかかわらず生産性が上昇しないという「生産性のパラドックス」が盛んに議論され，マサチューセッツ工科大学（MIT）ポール・クルーグマン教授が「ニューエコノミー」論者に対して批判的であったのは，よく知られた話である。

しかし，ここにきて論争に終止符が打たれた。もちろん「ニューエコノミー」が登場していることが確認されたのである。アメリカ商務省のレポート『デジタル・エコノミーII』によると，労働生産性の伸び率は，1980年代には年平均1%台であったが，95～99年には同2.9%に高まっている。これはインターネットが商業化され，普及を始めた時期に一致する。また，大統領経済諮問委員会（CEA）の『2000年大統領経済報告』は，1995年から4年間にコンピュータ・通信産業だけで国内総生産（GDP）の伸びの21～31%を占めたと試算し，「IT革命」による技術進歩が約1ポイント経済成長率を高めたとの分析を示した。

このようにe-エコノミーが急速に伸びた理由は，何であろうか？それは，ウェブ技術が発達し，「B-to-B」の領域でインターネット取引が急速に伸びたからである。「B-to-B」は「B-to-C」（ビジネス・消費者の取引）に比べ，取引額で9対1くらいの比率だとみられている。企業間の取引をサプライ・チェーン・マネージメントによって，中間業者を配し，在庫を減らし，効率的な生産を行う。こういった企業間取引の効率化が猛烈な勢いで進んでいるのである。

2000年の『通信白書』によると，05年の「B-to-B」の市場規模は，103兆4,219億円に達すると予想されている。それは「B-to-B」全体の需要の24％がインターネットで調達されるという相当なレベルである。

ウェブ技術の進化

このような「B-to-B」の急速な発展の背景には，ウェブ技術の進化がある。ウェブ技術の活用は，日本においては以下の段階を経て進化してきている。

【第1段階】 広報

95年―。最初は企業の広報ページで，会社案内や企業文化，姿勢の明確化などによって，企業の先進性をアピールするために活用された。

【第2段階】 マガジン（雑誌）スタイル

97年―。広報をよりエンターテイメント性やテーマ性をもったコンテンツを発信するマガジンスタイルで行うために活用された。

【第3段階】 リレーションシップ（関係性）

98年―。商品に関する詳細な情報提供とクイズや懸賞などに対する消費者の反応によるユーザー情報の収集のために活用された。

【第4段階】 トランザクション（取引）

99年―。オンライン・ショッピング，ウェブ・ショッピングなどの電子商取引により，ユーザーの反応を見ながら商品を販売するために活用されるようになった。

【第5段階】 ワン・ツー・ワン・マーケティング

2000年―。ユーザーのプロファイルを基に，個々のユーザーとのパーソナルで継続したコミュニケーションとセールスによりワン・ツー・ワン・マーケティングを展開するために活用されるようになった。

このようにウェブ技術は，5段階を経て，情報発信ツールから効率的なコミュニケーションを伴ったマーケティング・ツールへと進化してきている。

ワン・ツー・ワン・マーケティングの発展

第5段階目のウェブ技術を使ったワン・ツー・ワン・マーケティングは，画期的な意義を有している。従来のテレビ，ラジオ，新聞，雑誌などのマスメディアの世界では，商品やサービスの知名度をとにかく上げるというのがその目的であった。そして，ある程度認知されると，店頭，カタログ，セールスマンなどのいろいろな販促手段で最終的な購買を喚起していたのである。

これに対してウェブの場合は，ユーザーが認知から最終的な購買までの決定を行う機能を有している。その結果，ユーザーに対して適確な情報を送ることができるので，有望なユーザーに対してターゲティング・マーケティングが可能となった。先進的なターゲティング・マーケティングの例としては，トヨタの「Gazoo（ガズー）」の例があげられる。

今まで自動車は売ったときの儲けで成り立っていた。ところが，今や自動車本体の価格がぎりぎりのところまで安くなっているため，その儲けだけではやっていけない状態になっている。そこでトヨタは「Gazoo」という自動車に関する会員制の情報サイトを立ち上げた。「Gazoo」は，表向きは自動車のカタログ販売や中古車販売であるが，真のねらいは，自動車を売った後の整備，点検，部品の交換，自動車保険などのサポーティング・サービスの提供にある。トヨタのビジネスモデルは，自動車を売り切って儲けるものから，自動車を売った後のサポーティング・サービスの提供により収益を上げるという構造に転換している。

このようなウェブ技術を使ったワン・ツー・ワン・マーケティングは，メディア，販促，店頭といういわゆる伝統的なマーケティングの方法論が1つで可能となったという意味で画期的なものである。

ウェブ技術を使ったワン・ツー・ワン・マーケティングは「B-to-B」の分野においても有効に活用されようとしている。その場合のウェブ技術の役割は，以下の4つである。

①　商品・サービスの関する詳細な情報の提供

② 販売支援

購買の検討をする企業に対象にして，他社の商品・サービスとの比較や販売方法に関する情報を提供し，購買の意思決定に資する。

③ サポート＆フォロー

ウェブ・マーケティングで購入されると，顧客企業の詳細な情報リストを作成し，そこから顧客企業の戦略，行動，中長期的方針などに関してデータ・マイニング（データ発掘）を行う。データ・マイニングされたデータは，顧客企業からの要望・不満への対応，新しい商品・サービスのマーケティングなどに活用される。

④ 囲い込み

購入後のフォローに反応してくれた顧客企業に対しては，継続的な取引，リピートを促進するために，より優遇したサービスを提供することで顧客企業を囲い込む。

e-ビジネスを支えるXML

このようなウェブ技術の進化をさらに突然変異的に加速化させる技術が登場した。それはXMLと呼ばれる技術である。XMLは，従来のHTMLに比して，以下の4つの点で格段に優れた技術である。

第1は，言いたいこととその表現方法を分離できる分離機能がある。XMLは，言いたいことをXMLで表し，表現方法をXSL（eXtensible Stylesheet Language）で表す。したがって，XMLを使えば，取引相手や顧客，使用される場面などによって，同じデータから異なる画面や帳簿を出力することができる。例えば，オンライン・ショッピングのホームページである書籍を注文しようとする場合，図表3-3に示すように，まず注文画面で注文し，次にその注文の確認書が画面上に表示される。そして，その内容を確認すると，最後に請求書が画面に表示される。XMLでは，注文データに対して，注文確認書と請求書という2種類のXSLをつけることで，注文確認書と請求書が作成できる。

このXMLの分離機能は，例えば，情報を表示する端末（携帯電話，

図表 3-3　XML の画期的機能
（オンラインショッピングの例）

①　オンラインショッピングのホームページ

(a)　**注文画面**

次の本を注文される場合は，下記に住所，名前，電話番号を入力し，注文のボタンをクリックしてください。

○英和辞典　AB出版社　○価格　5000円
○冊数　1冊

お名前	山田太郎
ご住所	東京都品川区北品川1丁目
お電話	03-5555-5555

注文

(b)　**注文確認書**

ご注文ありがとうございます。下記の内容でご注文をいただきましたのでご確認をお願い致します。

ご注文者	お名前：山田太郎 ご住所：東京都品川区北品川1丁目 お電話：03-5555-5555
ご注文内容	商品名：英和辞典　AB社 冊　数：1冊

(c)　**請求書**

ご注文商品	商品名：英和辞典　AB社 冊　数：1冊
請求額	5000円
請求先	お名前：山田太郎 ご住所：東京都品川区北品川1丁目 お電話：03-5555-5555

② XSLによる注文データの変換

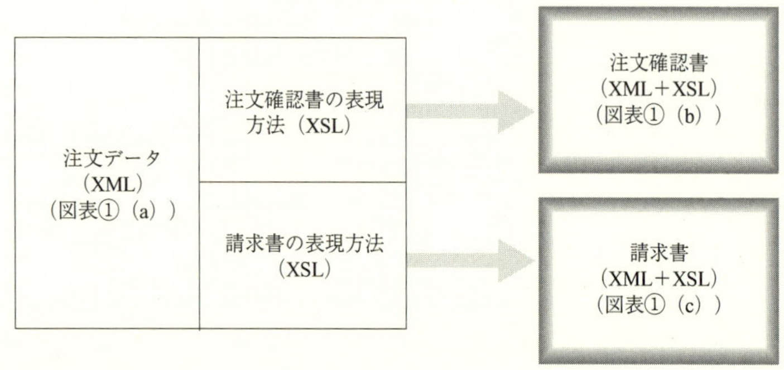

(資料) デロイト・トーマツ・コンサルティング作成。

パームサイズ・コンピュータ，デスクトップ・コンピュータなど）によって，表示方法を変更することができる。また，インターネットでショッピングのホームページを立ち上げた場合，そこへ買い物に来る顧客の性別などによって，表示する画面を自由に変えることができる。すなわちXML は，内容を変更せずに，見る人，読む人に応じて演出を変更できる言語なのである。

第 2 は，情報をどんどん追加して記述していくことができる自己記述機能があることである。例えば，所在地，住所などの「タグ」というものを使用して，意味を表すものを決めて追加していくことにより，XML で記述された情報に制限なく意味をもたせられる。

図表 3-4 に XML 文書と HTML 文書の比較を示しているが，従来のHTML では，所在地，住所などの情報は記載されているが，タグには意味づけがなされていない。使用できるタグは決められており，タグを自由に決めることもできない。これに比し，XML の場合は，ただタグを追加するだけで情報を判読することができる。例えば，コンピュータは〈住所〉とその後に続く文字から「住所は，品川区北品川 1 丁目」と認識できる。HTML の場合は，「品川区北品川 1 丁目」が何の情報かを判別できないのである。この XML の自己記述機能は，企業内のシステ

図表 3-4　XML 文書と HTML 文書の比較

XLM文書

```
〈不動産物件情報〉
  〈所在地〉
    〈住所〉品川区北品川1丁目〈/住所〉
    〈最寄駅〉品川駅〈/最寄駅〉
    〈最寄駅距離〉歩5分〈/最寄駅距離〉
  〈/所在地〉
  〈物件〉
    〈宅地面積〉85坪〈/宅地面積〉
    〈築年数〉6年〈/築年数〉
    〈延床面積〉54坪〈/延床面積〉
    〈部屋数〉4LDK〈/部屋数〉
  〈/物件〉
〈/不動産物件情報〉
```

HTML文書

```
〈html〉
  〈head〉
    〈title〉不動産物件情報〈/title〉
  〈/head〉
  〈body〉
    〈h1〉所在地〈/h1〉
    〈ul〉
      〈li〉品川区北品川1丁目〈/li〉
      〈li〉最寄り駅より歩5分〈/li〉
    〈/ul〉
    〈h1〉物件〈/h1〉
    〈ul〉
      〈li〉宅地面積85坪〈/li〉
      〈li〉築6年〈/li〉
      〈li〉延床面積54坪〈/li〉
      〈li〉4LDK〈/li〉
    〈/h1〉
    〈/body〉
〈/html〉
```

(資料)　デロイト・トーマツ・コンサルティング作成。

ム，企業間あるいは産業を超えた情報交換に非常に大きな効果を発揮する。

第3の画期的機能は，XML は，情報だけでなく情報がとるべき行動をも記述できる行動記述機能があるということである。例えば，先ほどのオンライン・ショッピングの場合，顧客が商品を発注すると注文情報が発生する。その注文情報は，受注システムに流れなければ，実際に受注されたことにはならない。XML の場合は，一度とるべき行動を記述しておけば，注文の情報を受注システムへもっていき，受注システムでその処理を行うという一連の行動をしてくれる。

第4に，XML には構造記述機能がある。構造記述機能は，タグの順番だけで，意味を表すものの関係を定義（構造化）することができる。例えば，〈所在地〉というタグを設定し，その下に，〈住所〉〈最寄駅〉

といったタグを置いていく。

このような，データがどういう構造で，どういう要素を含んでいるかを定義しているファイルを DTD（Document Type Definition）と呼ぶ。通常，DTD と XML は対になって使用される。この DTD を企業間で共有すれば，インターネットでやり取りするデータを，即座にそれぞれの業務システムに取り込める。このため，業界ごとに DTD を決め，データを相互にやり取りしようという動きが活発化している。

以上のように，XML には，従来の HTML にはない分離機能，自己記述機能，行動記述機能，構造記述機能があり，e-ビジネス，特に e-BPO を急速に進展させるものと期待される[7)]。

伸びる ASP 市場

このように，BPO や e-BPO は今後日本において急速に進展すると予想されるが，具体的な市場規模はどの程度見込めるのであろうか？

BPO や e-BPO という概念自体がビジネス界で確立していない日本においては，BPO や e-BPO の市場予測を正確にたてることは困難であるが，それに近いものとして ASP 市場の予測をガートナーグループ・データクエスト（2000 年）とデロイト・トーマツ・コンサルティング（2000 年）が出しているので，大体のイメージをつかまえることができる。

それによると，ガートナーグループ・データクエストは，2000 年の ASP 市場は 254 億円，2004 年には 3,127 億円になると予測し，デロイト・トーマツ・コンサルティングは，2002 年後半から大きく立ち上がり，2004 年には 3,054 億円の市場になると予測している。いずれも年平均成長率を 90％近く見込んでいることが特徴である。

このうちデロイト・トーマツ・コンサルティングの市場予測は，企業のアプリケーション利用特性からマーケットを以下の 4 つに分類し，分野別の内訳にも踏み込んでいる。これによると，スタンダード市場および E コマース市場の伸びが著しく，2000 年と 2004 年の対比では，それぞれ6億円から1,339億円，12億円から1,004億円と伸びると予測されている。

❶　カスタマイズ市場

ERP，CRMなどの基幹業務パッケージソフトを顧客企業ごとに相当程度カスタマイズして導入する形態。主として，中堅以上の企業が対象。

❷　スタンダード市場

ERP，CRMなどの基幹業務パッケージソフトをあらかじめ設定しておき，ほぼそのまま導入する形態。主として，中堅以下の企業が対象。

❸　Eコマース市場

サイトを保有する企業が，他企業にサイトの機能を貸し出し，利用料を徴収する形態，または個別企業向けにサイト構築・運用サービスを提供する形態。

❹　コミュニケーション・コラボレーション形態

Eメール，グループウェアなど，主として社員間のコミュニケーションに利用される形態。

（注）

1）「アウトソーシング2000」（2000年7月26日～28日，日経BP社主催）における栗原省三氏（日産自動車CIO情報システム本部本部長）のプレゼンテーションによる。

2）『日刊工業新聞』2000年10月26日1面。

3）「アウトソーシング2000」（2000年7月26日～28日，日経BP社主催）における大星公二氏（NTTドコモ会長）のプレゼンテーションによる。

4）「IBMアウトソーシング・ユーザー・シンポジウム2000」における古瀬洋一郎氏（マツダ専務取締役）のプレゼンテーションによる。

5）「アウトソーシング2000」（2000年7月26日～28日，日経BP社主催）における鈴木泰次氏（NECソリューションズEビジネスサービス事業本部長）のプレゼンテーションによる。

6) 「アウトソーシング2000」(2000年7月26日～28日，日経BP社主催）における山本晃司氏（日立製作所常務）のプレゼンテーションによる。

7) XMLの機能については，デロイト・トーマツ・コンサルティング[2000]『Eビジネス経営：市場を制する戦略と経営基盤』東洋経済新報社によっている。

4 e-BPO：「断絶」の創造へ

以上述べたことから明らかなように，企業は今や「断絶」(Discontinuity) の時代を迎えており，新たな成長戦略を展開して，価値を創造していかなければならなくなっている。

そこに登場するのがBPOであり，その発展形としてのウェブを使ったe-BPOであるが，「IT革命」の真っ只中，その前段階ともいえるASPが出現している。このASPの登場は，企業の新たなビジネスモデルの形成にあたって画期的な意義を有しているが，本章では，e-ビジネス全体におけるe-BPOの位置づけやASPモデルからe-BPOへの発展の軌道を確認しつつ，e-BPOについて述べることとしよう。

4-1 IT革命とASPモデル

e-ビジネスの中でのe-BPO

「IT革命」の進展に伴って，ビジネスの構造が大転換する。ここでe-ビジネスのなかでのe-BPOの位置づけを整理することとしよう。

ビジネスの構造は，大きくいって企業間関係と企業内関係の2つに分かれるが，さらに前者は商流と物流に分かれる。このうちBPOは，後者の企業内関係において進展するものであるが，前者の大転換とともにいずれにも「IT革命」が進展して，次のように構造転換する。図表4-1で示すように，両者がシームレスにつながって発展するというのが，21世紀のe-ビジネスである。

A　企業間関係　→e-ビジネス

a　商流　→e-マーケットプレイス

図表 4-1　e-ビジネスと e-BPO

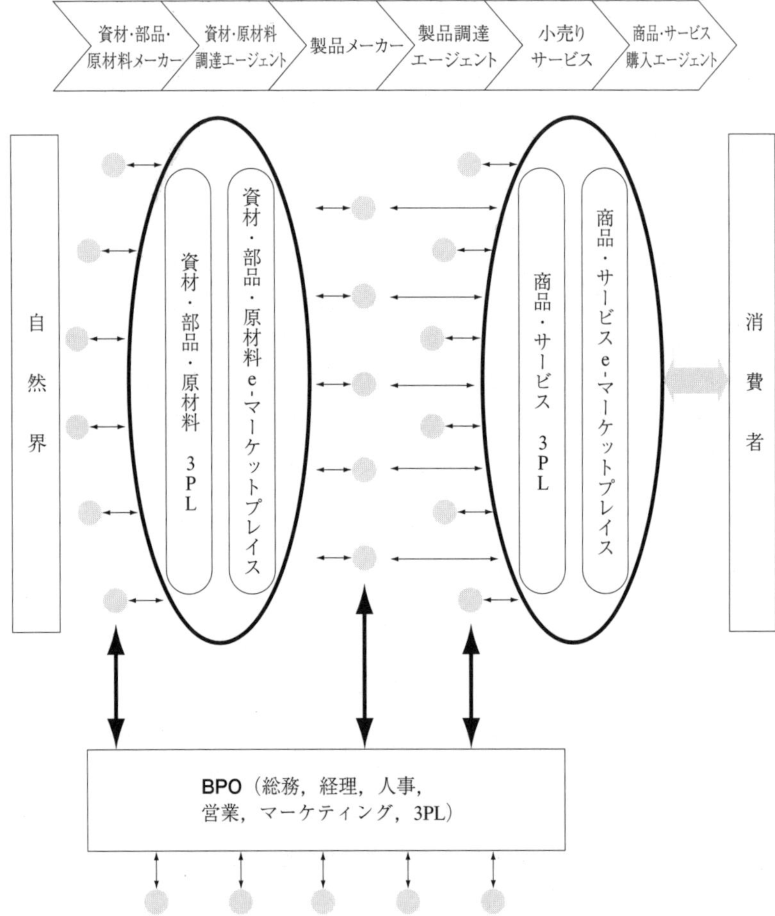

（資料）　デロイト・トーマツ・コンサルティングを加藤が発展させたもの。

b　物流　→3PL（サード・パーティ・ロジスティックス）
B　企業内関係　→e-ビジネス経営＝e-BPO

e-マーケットプレイス

このうちe-マーケットプレイスは，商品・サービスの市場と資材・部品・原材料の市場の2つがあるが，いずれもセキュリティが実用レベルに達し，電子商取引関連の法律が整備されることで，e-マーケットプレイスが整備される。消費者が関係する商品・サービスの市場は，実際の店舗とe-マーケットプレイスの2つが併存すると考えられるが，企業間取引（B-to-B）である資材・部品・原材料の市場は，e-マーケットプレイスが主流になる。

シリコンバレーのシスコシステムズ（急成長しているインターネットの関連機器メーカー）は，ルーターなどの全販売額の87％はインターネットを通じて行われ，その半分は，人間の手が触れないままに処理されて製造工程に入るといわれている。

このような動きが日本でも拡大しようとしている。2000年12月には，GM，フォード，ダイムラー・クライスラー，ルノー，日産などの系列自動車部品メーカー19社が参加する自動車部品・素材の世界的な電子商取引市場「コビシント」が稼動したが，これは世界最大級のB-to-Bのe-マーケットプレイスである。トヨタ，ホンダ，三菱，そしてトヨタ系の国内部品最大手デンソーも参加を表明しており[1)]，自動車部品はネットで調達する時代に入っている。

また流通業界においても，小売の商品調達にe-マーケットプレイスが浸透しようとしている。ジャスコは2001年11月，国際的なe-マーケットプレイスであるワールドワイド・リテイル・エクスチェンジ（WWRE）が運営するB-to-Bのe-マーケットプレイスを通じ店舗資材の取引を実施した。他方，フランスのカルフールやアメリカのシェアーズ・ローバックなどが設立したe-マーケットプレイスであるグローバル・ネットエクスチェンジ（GNX）も日本に進出し，ダイエーやマイカルが参加している。大手小売りのB-to-Bは，このWWREとGNXという国際的な二大陣営が軸になって展開されている。

e-マーケットプレイスはグローバルでオープンな市場であるため，そこに参加する企業数や取り扱う商品・サービスの種類は膨大なものとなる。そのなかから消費者が自分の求めている商品やサービスを探したり，小売りや製品メーカーが自社に最適な資材・部品・原材料を見つけ出すのは極めて困難になる。そこで，この情報量の増大に対応するために，特定の分野に精通し，コーディネート力のあるエージェント機能が重要視されるようになる。このエージェント・ビジネスは今後伸びることが予想される分野である。

e-マーケットプレイスの構造は，**図表4-2**で示すように，「e-カタログ」，「e-オークション」，「逆e-オークション」，「e-エクスチェンジ」で構成される。このうち「e-カタログ」は，小売りや製品メーカーが汎用的な自社の商品やサービスを登録し，特徴や使用，価格，納期などを消費者に提示するものである。

また，小売りや製品メーカーが提示した商品に対して消費者が入札形式で価格をつけるのが「e-オークション」であり，それとは逆に，消費者が提示した条件に見合う商品・サービスを，小売りや製品メーカーが入札するのが「逆e-オークション」である。図中の「e-エクスチェンジ」は，特定の商品やサービスを対象にした多対多の取引である。これは，商品取引所での取引に近いイメージである。そして，以上のようなe-マーケットプレイスにおける多様な取引を成立させ，決済機能まで提供するものとして「e-マーケットプレイスASP」が登場する。

また，e-マーケットプレイス同士が接続するMarket-to-Marketという形態も登場する。例えば，旅行の途中でスケジュールが変わったとき，「ここでレンタカーを返しますか？」とか「ここでは温泉に入れますよ」とか，その時々の状況に応じて，さまざまなサービスの選択肢がワンストップで提供されるようになる。

e-マーケットプレイスとe-マーケットプレイスとがリンクすること

図表 4-2　e-マーケットプレイスの構造

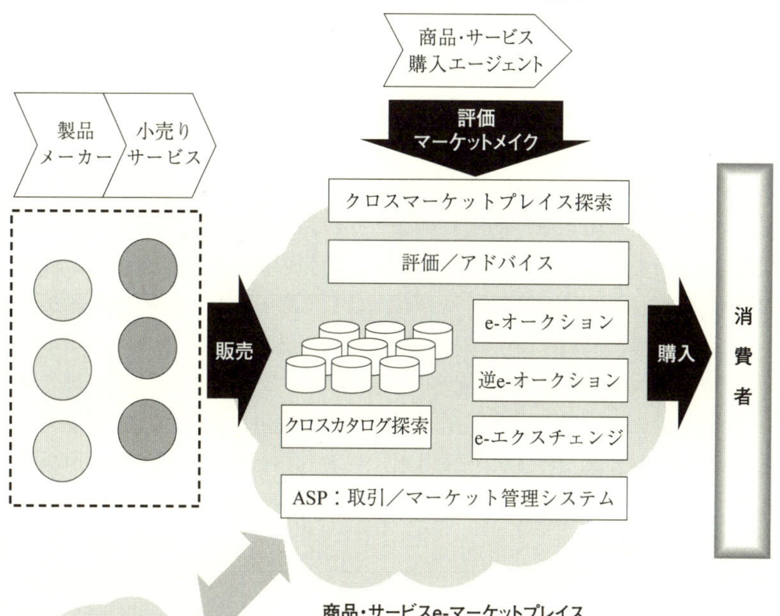

(資料)　デロイト・トーマツ・コンサルティングを加藤が発展させたもの。

により，このような再調整が速やかに行われ，利用者の利便性が飛躍的に高まるので，マーケットメーカーにとって M-to-M は重要な手段となっていく。

3PL（サード・パーティ・ロジスティックス）

商流によって取引が成立すると，次の段階は，取引の際に指定された日時，場所に商品や資材・部品・原材料を運ぶことになる。これらのモノは電子化ができないため，時間と空間の制約を受ける。必要のものを，必要なときに，必要な場所に届けるためには，需要と供給に関する情報が不可欠である。従来は，この情報が十分でなかったために，在庫という形で工場や物流倉庫，あるいは小売りにストックして時間と空間の差を埋めていた。この時間と空間の差を，情報ネットワークの力によりそもそも解消してしまおうというのが，3PL である。

従来の物流機能は，メーカー，商社，卸売業，運送業者がそれぞれ断片的な範囲でそれぞれの機能を担ってきた。これに対して 3PL は，ディマンドチェーン，サプライチェーン全体を範囲にし，実際の需要や自社の需要予測に基づいて，在庫計画，生産計画，調達計画，輸送計画を立てて，その全体計画に基づいて実行管理する機能である（3PL の詳細については，**5-5** 参照）。

e-ビジネス経営＝ e-BPO

以上のように，e-マーケットプレイスも 3PL も，情報やものを管理に最適な場所に集約し，部分最適とともに全体最適を達成しようという仕組みである。これらが全体として有効に機能するためには，企業内のシステムとインターネット，特にウェブ技術とシームレスにつながっていなければならない。そこに e-ビジネス経営＝ e-BPO が必要とされる。e-ビジネス経営＝ e-BPO は，e-ビジネスの核心をなすコンセプトである「ヴァーチャル・カンパニー」（Virtual Company）創造の基盤である。

2 章，**3** 章で述べたところから明らかなように，BPO は，総務，経理，人事といったバックオフィス関連の業務に関するものであるが，場合によっては，営業やマーケティングなどの業務も対象となる。これにより，一般管理費および販売費のうちのオペレーション部分を変動費化でき，ROA（Return on Assets：資産利益率）の改善を図ることができる。

e-BPO は，この BPO をウェブ技術を用いて行おうとするものである。しかも，e-マーケットプレイスも 3PL とシームレスにネットワークしながら行おうとするもので，そこに膨大なシナジー効果が期待できる。

企業本体では e-BPO が積極的に導入され，川上においてはサプライ・チェーン・マネージメント（SCM），川下においてはカスタマー・リレーションズ・マネージメント（CRM）が広範に展開される。SCM を導入して成功している有名な例として，デル・コンピュータの「BTO」（Built to Order）がある。インターネットにより顧客から直接注文を受け，必要な部品をこれもまたインターネットを通じて手配して生産するという方式である。そのねらいはコスト削減というより，顧客の求めるものを素早く届けて顧客の満足度を高めることである。それによって在庫が減り，結果として大きなコスト低下が実現できる。

この e-BPO と SCM，CRM が有機的な連携をとって IT によるバンドルを実現し，**2**章で説明した「ビジネス・エコシステム」を形成していくのが，21 世紀のビジネスの姿である。

4-2　ASP モデルから e-BPO へ

IT アウトソーシングから ASP，e-BPO へ

組織全体に IT を行き渡らせるためには，まず，バックオフィスなどの企業の定型業務が IT 化されていなければならない。そのためのステップとして第 1 段階にあるのが，ERP の導入である（ERP については，**2**-2 参照）。

その次の第 2 段階として登場してくるのが，IT アウトソーシング，ASP，e-BPO である。この段階において IT によるネットワークやシステムの結合を実現し，「ビジネス・エコシステム」を形成していくことが可能となる。

図表 4-3 は，第 2 段階にある各種のツールとその発展経路を示したも

図表 4-3 IT アウトソーシングから ASP，e-BPO へ

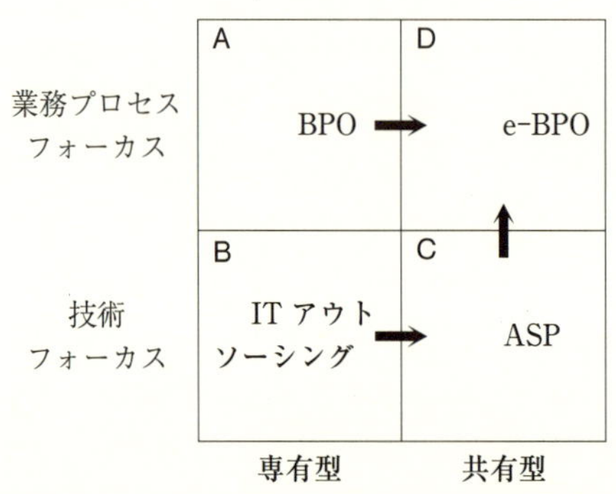

（資料） ガードナー・グループを加藤が発展させたもの。

のである。図中の縦軸は，ネットワークを介して提供するサービスがIT に絞ったものか，ビジネスプロセス全体にも拡大されているかによって分けている。横軸は，そのサービスが当該企業の専有で提供されるか，他の企業も含めて共有で提供されているのかによって分けている。

現状においては，企業によって BPO に取組むところと IT アウトソーシングに取り組むところが分かれており，A の領域にある BPO と，B の領域にある IT アウトソーシングが併存している。その状況のもとで，**3** 章で示したように，C の領域にある ASP がこれから急成長しようとしているのが最新の状況である。情報システムは，今まで自社で構築し所有するのが通常であったが，ASP はネットワーク経由で「必要な機能」を「必要なとき」に「必要なだけ」借りる時代，激しい技術革新に対応したアプリケーションを共有する時代へと移った。これを提供するのが ASP である。

ASP は，ERP，CRM，E コマース，グループウェア，e メールなどに関する“パッケージド・アプリケーション”（packaged application）をインターネットにより提供して，オペレーション・サービスを提供しようとするものであるが，いずれ“パッケージド・サービス”（packaged services）を提供するソリューション・サービスにまで拡大していくであろう。そうなると，Dの領域のe-BPOが発展していくことになる。

3章で説明したように，XMLは急速にユーザー企業に取り入れられようとしており，単に情報ネットワークのオペレーションのみならず，以下のような各種のソリューション・サービスをウェブ技術を用いて提供しようというニーズに対応していくと考えられる。

★ e-BPOにおいてウェブ上で提供される“パッケージド・サービス”

エンジニアリング（engineering）
施設管理（facilities）
配送（distribute）
顧客サポート（support）
製品デザイン（design）
マーケティング（marketing）
人事管理（human resources）

ASP，e-BPOの階層構造

ASP，e-BPOは，**図表4-4**で示すように5層よりなる階層構造をもっている。

図表はそのアーキテクチャー階層を示したものであるが，下からネットワーク階層，プラットフォーム階層，アプリケーション階層，オペレーション階層，ソリューション階層により成り立っている。このうち，ASPサービスといえるものはオペレーション階層に属するもの，e-BPOサービスといえるものはソリューション階層に属するものであるが，これらはその下の階層の基盤に立ってサービスを提供する。このようにASP，e-BPOは，複数のベンダーによる連携と協調により成長し，発展していくものである。

現在，さまざまなベンダーがASP市場に参入して“ASPブーム”のような現象を呈している。しかし，いずれ2，3年後のうちにはこのよ

図表 4-4　ASP、 e-BPO の階層構造

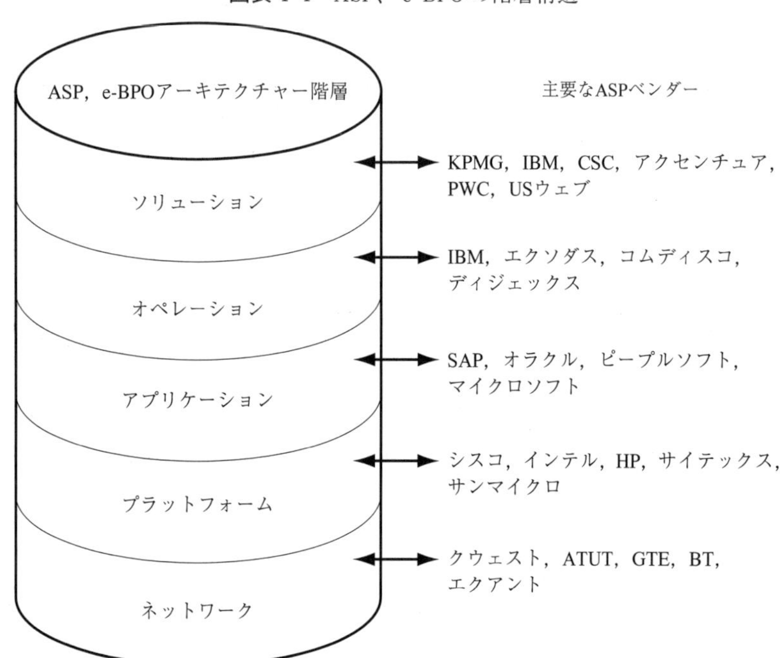

(資料)　ガートナーグループを加藤一部修正。

うな ASP ベンダーの陶汰と再編が進むであろう。その後， ASP から e-BPO への発展ともあいまって真の階層構造が出現することになると考えられる。

4-3　ビジネスモデルの組替えとしての e-BPO

e-BPO におけるビジネスモデルの転換

e-BPO が行われる段階においては，企業のビジネスモデルが大きく変化する。

図表 2-1 を思い返していただきたい。そこには，伝統的なビジネスモデル，アウトソーシングのビジネスモデル，BPO，e-BPO のビジネスモデルを対比させて，その発展経路を示している。

企業のマネージメントは，大きくいって，① ビジネスプロセスのマネージメントと，② ビジネスモデルのマネージメントで構成されるが，伝統的なビジネスモデルでは，このいずれの機能も企業内に囲い込まれている。これに対して，BPO のビジネスモデル，そしてその発展系としての e-BPO のビジネスモデルは，コアコンピタンスに関係する ② のビジネスモデルのマネージメントは自社内で行うが，① のビジネスプロセスのマネージメントは，企業外部の専門サービス事業者から提供を受ける。特に e-BPO の場合は，ウェブでリアルタイムでサービスの提供が行われ，BPO の効果が最大化される。

こうして BPO のビジネスモデル，e-BPO のビジネスモデルが形成され，**2-2** で説明した「ビジネス・エコシステム」を形成していく。

ビジネスモデルのマネージメント

このような「ビジネス・エコシステム」の経営管理としての，BPO, e-BPO が重要になる 21 世紀においては，「ビジネス・エコシステム」を構成する企業は，ビジネスモデルのマネージメントを展開することが重要になる。ビジネスモデルのマネージメントは，「違い」をうみだすものであり，真の意味で価値を創造するために必要なものである。

ビジネスプロセスのマネージメントについては **2-2** で説明したが，その方向はビジネスプロセスの標準化を進めることになる。

他方，このようなビジネスプロセスの標準化が進めば進むほど，他方

図表 4-5 ビジネスモデルのマネージメントとビジネスプロセスのマネージメント

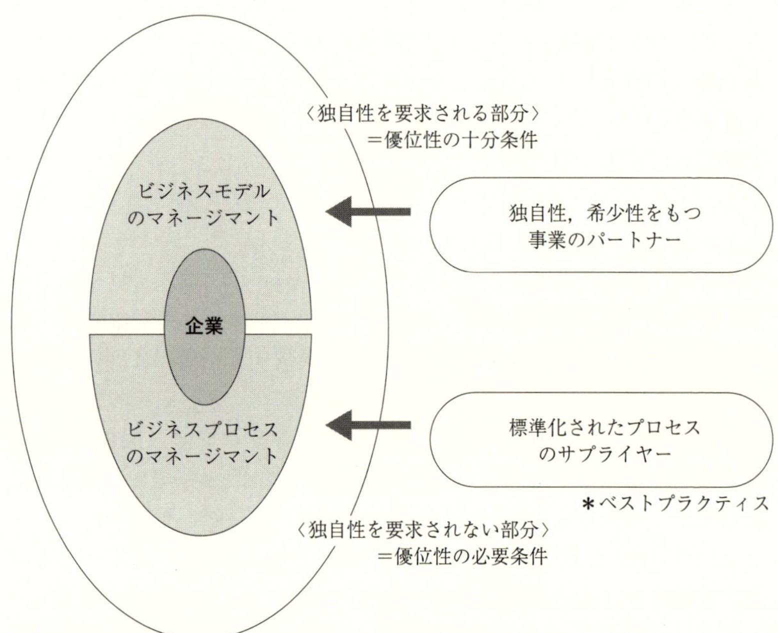

(資料) 牧野・武藤を加藤が発展させたもの。

で，独自のビジネスモデルの必要性が認識されるようになっている。これまでの経営戦略は「経営戦略には独自性が不可欠だ」というものであった。しかし，ビジネスプロセスの標準化が定着するようになってからは，**図表 4-5** で示すように，経営戦略は「独自性を要求される部分」と「独自性を要求されない部分」に2分されることになった。

そして「独自性を要求されない部分」については，他者の優れたプロセスを真似すればよいという方針になっている。その真似の対象になるのが“ベストプラクティス”と呼ばれるものである。

一方，「独自性を要求される部分」については，事業に関する独自の知識=事業知識が重要であるとの認識が拡大している。事業知識とは，前述したコアコンピタンスに関する事業遂行の知識である。

最近の企業経営においては，CFO（Chief Financial Officer：最高財務責任者）という役職が確立されるケースがふえてきているが，これは財務を事業のうえにおこうとするものではなく，むしろ財務がCEOの手を離れたことを意味し，究極的に重要なのは事業そのものであることが認識されているからである。

また，アメリカではM&Aが活発であるが，そのなかでは企業結合よりも企業分割が多くなっている。これは，事業知識なしには経営はできないという意識が急速に広がっているためである。

企業分割の結果生まれるコアコンピタンスに特化した専門企業は，事業知識によって経営され，トップ・マネージメントであるCEOの経営知識は第二義的なものとなる。トップ・マネージメントに求められる知識は他の企業でも共通する普遍的なものであり，これに対して個々の事業を推進する事業責任者に求められる知識には，他社に対する優位性，独自性が不可欠となる。

ということは，アウトソーシング可能なのは，事業責任者よりもトップ・マネージメントであるCEOであるということになる。シリコンバレーにおいては，CEO経験者が200，300人くらい存在していて，"鵜の目鷹の目"でパートナーや専門企業と自分とのマッチングを模索している。ある調査によると，アメリかでは，いったんIPO（株式公開）を果たした人物がそのまま同じ会社で経営につく割合は，わずか1割ほどだという。

ここにおいては，コアコンピタンスへの特化と独自性，稀少性を有する事業パートナーとのアライアンスやネットワーキングが重要になる。これが，ビジネスモデルのマネージメントである。

そして後者のアライアンスやネットワーキングは，状況に応じて"適時，適材，適所に"に組替えられる。アライアンスのダイナミックな組替えは，スピードの経済とネットワークの経済となった環境において企業が常にコアコンピタンスを維持するために必要なことであり，これが積み重なって企業と顧客，企業と企業との関係が生態系のように織り成される「ビジネス・エコシステム」が形成される。

前述のように，ビジネスプロセスの分野においては，その標準化は取引関係の固定化を促進するものになりうるという側面があるが，ビジネスモデルの分野においては，取引関係は状況に応じて柔軟に切替えられる。

ネットワークのマネージメント

「ビジネス・エコシステム」を構成する企業のマネージメントとしては，以上のビジネスプロセスのマネージメントとビジネスモデルのマネージメントのほか，ネットワークのマネージメントが重要になる。それは，ビジネスモデルのマネージメントにおいては，パートナー企業とのアライアンスやネットワーキングのマネージメントがさらに求められるからである。

3-4 で説明したように，ウェブを使った情報ネットワークの世界では，従来の HTML に代わって XML が急速に導入されつつある。XML は HTML に比して格段と進んだ技術であり，これによりネットワーキングが容易となる。

XML 時代のマネージメントとして重要となるのは，アライアンスやネットワーキングのマネージメントを専門に行う“ネットワーカー”の存在である。必要なのは，ネットワーク・マネージメントを個人の資質から切り離し，企業の知識として体系化することである。そのような“ネットワーカー”の典型的な例は，シリコンバレーの「ビジネス・エコシステム」に見出すことができる。

シリコンバレーの「ビジネス・エコシステム」においては，企業が柔軟なネットワークを組むことにより，市場ニーズへの的確な対応，リスクの分散等が行われている。企業間ネットワークの特徴をみると，提携企業はそれぞれの分野で専門的な技術，ノウハウを有し，テーマごとに臨機応変にネットワークを組替え，技術開発，製品開発などを行っている。これがシリコンバレーのダイナミズムを支えているが，これは情報社会のイノベーションの特質にもっとも対応した形態である。

すなわち，情報社会における製品の差別化は，要素技術の革新よりも要素技術の異なった組み合わせ・結合によって得られるようになっており，イノベーションを持続的に発展・継続させるためには，市場ニーズへの的確な対応，研究・技術開発，資金調達等におけるリスクの分散を図りつつ，異なった要素技術を組み合わせ，結合させる柔軟なネットワーク構造が必要となっている。

シリコンバレーの柔軟な企業間連携の最近の特徴をみると，大企業間ネットワークに加え，中小企業が参加するネットワーク数が多くなっていること，技術テーマ別には，ソフトウェアやインターネット等の分野においてネットワーク形成数が多くなっている。

特に，シリコンバレーにおけるリスクへの対応は，示唆深い。大量生産・多量消費型の工業社会のもとでは，1企業内またはせいぜい“たこつぼ型”の企業系列システム内でコストと利益をうまく調整すれば企業経営が成り立っていたが，情報社会では，コストと利益に加えて，リスクをいかに企業経営のなかでハンドリングしていていくかが重要になる。

情報社会のもとでは，情報化が進めば進むほど不確実性が増し，ビジネスを行うときに研究開発，資金調達等の面でリスクが顕在してくる。研究開発費が急騰し，その回収を如何に図るかが重要な課題になる。最近の高性能半導体の研究開発を見れば一目瞭然であるが，各企業レベルで埋没費用（経済学でいう「サンクコスト」）である研究開発費が非常に高くなり，企業としては，伝統的なコストに加えて，この埋没費用を如何に回収するかということを考えていかなければならなくなっている。

このリスクが本格的にビジネスに入ってきたことが非常に大きな転換であり，今までの企業内または系列内の処理ではうまく対応できなくなる。すなわち，ビジネスを起こすときに，研究開発や資金調達のリスクが顕在化してくると，まずリスクを分散していろいろな関係セクションとリスクシェアをしながら，リスクテイクするというシステムがなければビジネスがうまく成立しない。従来のような企業または系列の枠を超えて企業提携することのない“たこつぼ型”のシステムでは，十分なリスクシェアリングができないために，リスクテイキングもできないことになる。

くるくると変わる状況に対して的確に状況設定し，その状況設定に応じて，企業，系列の枠を超えて柔軟に他の企業と研究開発，資金調達，マーケティング等の面で戦略提携をするというリスクシェアリングをしながら，リスクテイキングするというシステムへの変革が求められる。

このシリコンバレーの「ビジネス・エコシステム」においては，ベンチャー企業を中心に6つのサポーティングセクターが配置される形となっている。

第1のサポーティングセクターとして資金供給セクターがある。これは，ベンチャーキャピタル，エンジェル等である。第2に基礎研究セクターとして，大学院・研究所・大学等がある。第3に施設支援セクターとして，インキュベータ，インダストリアルパーク等がある。第4に，ソフト支援セクターとして，会計事務所，法律事務所，専門コンサルタント等がある。また，ベンチャーを起こす際に技術開発・資金調達・マーケティング等あらゆる面で他の企業と戦略的提携を行う必要があるので，他の経済主体との“ネットワーキング”も必要になる。これが，5番目のサポーティングセクターである。第6に，教育支援セクターがある。

この「ビジネス・エコシステム」を“ネットワーキング”の観点から見ると，次の2つの点が注目される。

第1のポイントは，資金供給セクターであるベンチャーキャピタル，エンジェル等が非常に大きな“ネットワーキング”機能を果たしているということである。ベンチャーキャピタル，エンジェル等はリスクマネーを供給するだけでなく，起業家に投資を行うときに他のサポーティングセクターを“ネットワーキング”する役割を果たしている。

ベンチャーキャピタリストやエンジェルは，投資先ベンチャー企業の取締役として経営に参画し，リスクマネーの供給だけでなく，投資決定や投資決定以降ベンチャーがどのように育っていくべきかについて，技術的・資金的・マネージメント等あらゆる側面からベンチャー企業のニーズに対応したサービスが他のサポーティングセクターから受けられるようにアレンジする等の機能を有している。これは，ベンチャー企業に対して経営上のあらゆる問題を解決する手助けを行うという意味で，「ハンズオン」(hands-on) 方式と呼ばれる。

第2の“ネットワーキング”のポイントは，大学院・研究所・大学等の果たす機能である。シリコンバレーが発展してきた大きな要因の1つは，大学・研究所・大学等が広範に開かれた産・学・官連携システムを研究開発等の面でつくりあげてきたことがある。情報社会のイノベーションのポイントは，異なった要素技術をいかに新しい視点から統合するかにある。企業がコアコンピタンスに特化し，それ以外はアウトソーシングするようになると，異なった要素技術の統合プロセスを開始するためのきっかけを与える大学院・研究所・大学等の機能は，ますますその重要性を増すことになる。

この関係でスタンフォード大学が最も注目される。スタンフォード大学は，現在では，周辺企業との産学共同研究の中核的存在であるとともに，エレクトロニクス，コンピュータ・サイエンス，バイオテクノロジー，ソフトウェア，材料科学，医科学などの大学の研究室で生まれた技術やアイデアがテクノロジー・ライセンスといった形で企業に有効に活用されている。また，スタンフォード大学を中心として多くのスピーカーシリーズ（外部講師による講演会）が外部の人々にも無料で開放され，産学交流の場となっている。

ベンチャービジネス育成という観点からは，「MIT・スタンフォード・ベンチャー研究会」が地域のベンチャービジネスへの情報提供，助言等を行っている。マサチューセッツ工科大学（MIT）に本部を置くエンタープライズ・フォーラムのサンフランシスコ・シリコンバレー地域支部として発足したものであるが，年9回のセミナーは外部の関係者にも開放され，研究会の運営も全てボランティアベースで進められるなどシリコンバレーの自由・開放的な雰囲気がここにも持ち込まれている。

産業クラスターによる生成・発展

以上，シリコンバレーの「ビジネス・エコシステム」の“ネットワーキング”について解説したが，このメカニズムが一定の地域の範囲内に分散型のネットワークを組みながらクラスター（房）状に集積していることが，シリコンバレーのダイナミズムの源泉である。

特徴のあるビジネス主体がクラスター状に集積し，技術力の高い人材の採用，最新技術に対するアクセス，専門化された知識・ノウハウの結合などの外部経済効果が期待される。

ここで疑問として提示されるのは，インターネットをはじめとする情報技術が普及しても，何故物理的に一定の地域に産業が集積しなければならないかということである。

今やインターネットでCAD・CAM（コンピュータでつくられた製造・設計情報。以下同じ）などの三次元の情報が交換される時代になっている。このなかで，シリコンバレーはアメリカでも最もインターネット利用が進んでいる地域であるが，そのシリコンバレーですら物理的な産業の集積が進んでいる。

一見パラドックスのように見えるが，その謎を解く鍵は，ベンチャービジネスにとって，0と1に分解してコンピュータで処理できる情報（最近「形式知」と呼ばれる）だけでなく，0と1に分解できないひらめきやアイデア（同様に「暗黙知」と呼ばれる）が自由に交換されることが必要になることにある。このような「暗黙知」は，インターネットでは交信できない。少人数の人々が集まってフェイス・ツー・フェイスでアイデアやひらめきを交換するという過程からはじめて生成・発展してくるものであり，逆説的な言い方をすれば，インターネットが発達すればするほど，0と1に符号化できない「暗黙知」の役割が大きくなる。

したがって，インターネットが発達すればするほどすべてグローバルになり，産業が物理的に集積する必要がないと考えることは間違いであり，むしろ，1つの産業クラスターができてそれが核となり，インターネット等を介しながらいろいろな形で重層的にネットワークができて産業クラスターが発展していくのが，これからの発展形態であると考えられる。

また，研究に関する情報は，インターネットや学界での発表，学会誌を通じて流れるのではない。重要な情報，ホットな情報は，研究室から研究仲間や研究室のOBを通じて，関係の深いところに流れていく。ヒューマンネットワークが大事なのであり，研究機関と企業との集積は，このようなヒューマンネットワークの形成を容易にする。

台湾やインドが1990年代以降シリコンバレーとの交流により発展してきているのは，このようなヒューマンネットワークを国境を越えて有効に形成しているからである。

（注）

1）『日本経済新聞』2000年12月22日，朝刊一面。

5 日本で進むか？　e-BPO

5-1 進む企業結合と企業分割

企業結合ブームの到来

現在の日本においては，ようやく企業の壁を越えた再編の動きが数多く見られるようになっている。合併・買収（M&A）件数は，1998年834件，99年1,169件，2000年1,635件と増加している[1)]。

その理由の第1は，メインバンク制度の変質である。特にメインバンクの力が衰えたために，メインバンクからの取引先の救済が困難になったことがあげられる。バブルの崩壊以降の日本の金融機関は不良債権処理に悩んであり，銀行自身の体力低下に伴って，取引先を救済する体力を喪失している。そうなると，銀行の融資に代わって，一般企業からの出資ないし結合の申し出が企業救済の手段となるようになっている。

理由の第2は，制度改正，規制緩和の実施である。1997年に独占禁止法が改正され，50年ぶりに純粋持株会社が解禁になった。純粋持株会社には，分社型（1つの企業を切り分け，持株会社のもとで集約するもの）と統合型（複数の企業が持株会社の傘下に入るもの）の2種類があるが，現在までのところ，統合型の純粋持株会社方式が多く見られている。

また，2000年3月期からの連結会計の本格的導入は，企業のリストラ，再編に大きなインパクトを与えることとなった。もはや，子会社に効率の悪い資産を押しつけたり，雇用維持あるいは役員ポスと確保のために子会社を利用することは，連結利益を悪くするのであれば，しにくくなっている。

株式交換制度の展開

連結会計が企業のリストラ，再編に動機づけを与えたとすれば，商法改正によって1999年10月から可能になった株式交換制度は，それらを制度的に容易に行うための道具となった。

例えば，事業移管の際に株式交換がどのように利用されるかを見てみよう。

事業移管の際には，これまで事業を買収する企業（「買収企業」と呼ぶ）は，営業権の譲渡という形で現金で支払っていた。しかし株式交換制度によって，事業を買収される企業（「被買収企業」と呼ぶ）に対して，買収企業の株式を渡すことによって，対価の支払とすることが可能となった。

具体的には，まず，移管対象事業を買収企業の100％所有の別会社とする。その別会社を，買収企業が株式交換で合併をする。交換されるのは，その別会社の株式と買収企業の株式で，買収企業の株式は被買収企業が受け取ることになる。結果として，被買収企業では移管事業という資産がなくなり，買収企業の株式という資産がふえることとなる。買収企業では，交換分の株式を発行する必要がある。それは増資となる。増資した株式の株主は被買収企業である。しかし，現金の支出はなくて済む。

事業移管の成否が不確定なときに，買収企業にとって現金の支出がなくて済むこうしたやり方のメリットは大きい。被買収企業にとっても受け取る株式の対価として現金を支払う必要はない。本来ならばリストラの対象となる事業を手放しただけである。被買収企業が現金を欲しければ，その株式を売却することもできる。

以上は事業移管のケースであるが，事業統合でも企業合併でも同じようなメカニズムで株式交換制度が使いうる。例えば，企業合併でもそうである。

Ａ社とＢ社が合併して，Ｂ社が存続会社になったとする。そのとき，Ａ社の株主は株式交換でＢ社の株式を受け取ることになる。その結果，それまでB社の株主とA社の株主は，合体して合併企業の株主集団を構成することになる。従業員たちも同じである。これが株式交換を伴わない，現金で株式を買収する形での合併ならば，A社の株主はいらなくなり，B社の株主だけが合併企業の株主となる。

このように株式交換制度は，株主の存在を前面に出さずに，その株式関係をそのままにしてさまざまな事業の移管を可能にする制度である。これにより企業買収は，株式交換によってM&Aという形で行われるようになった。この場合は株価が高い方が買収側になる。株価が高いということは，期待される成果が高いということであり，良いビジネスモデルをもっていることの証左とみなされる。

1980年代のアメリカで行われたM&Aは，M&Aがもたらす収益を目的とするものが大半であったが，今後のM&Aは，企業としての成長戦略や競争戦略からするものが多くなっていくであろう。

その場合，① 事業会社が自社のビジネスモデルを拡張するため，自社の株式を原資としてM&Aを行うもの，② 投資ファンドが行うもので，投資家の資金を原資にして非効率な企業を低価格で買収し，経営を改善して株価を高めて売却するもの，の2つの形態が推進されるものとなろう[2)]。

企業分割の環境整備

この株式交換制の導入を踏まえて，2000年6月企業分割に関する商法改正が行われた。この商法改正により，「新設分割」（分割により設立した会社に，分割する会社の営業を承継させる方式）と「吸収分割」（すでに存在する他の会社に，分割する会社の営業を承継させる方式）が可能となった。分割に際して発行する株式の割当て方式としては，「物的分割」（分割する会社に株式を割り当てる方式）と「人的分割」（分割する会社の株主に株式を割り当てる方式）がある。

手続きとしては，分割計画書などを作成し，それを事前に開示したうえで，株主総会の特別決議を得る必要があるが，「人的分割」は従来の制度ではできなかった類型であり，持株会社のもとにある子会社を事業部門ごとに再編成したりする場合などに役立つ。また，「物的分割」は，従来でも営業の現物出資という方法で可能であったが，今後は，検査役の調査が不要であることから組織再編のスケジュールが立てやすく，また，債務承継についても債権者の個別の同意が不要であるなどのメリットがある。

こうした企業分割法制は，アメリカ，イギリス，ドイツ，フランスなどの先進国では法制度が整備されていたところであり，この商法改正によりようやく日本でも体制が整えられた。引当金や準備金の承継も原則として認めることなどを内容とする税制上の手当ても2001年度から行われている。

また，商法改正と平仄（ひょうそく）を合わせて，「会社の分割に伴う労働契約の承継等に関する法律」が2000年6月に成立した。後述するように，BPOを推進するうえで最大の課題は，従業員の転籍が円滑に行われるかどうかであるが，この法律は，会社の分割に伴う労働契約の承継等に関する一定のルールを定め，従業員に対して，BPOなどに伴って企業分割が行われるときのセーフティネットを提供するものである。この法律のポイントは，以下のとおりである。

① 労働者等への通知

会社（株式会社と有限会社）は，その分割にあたり，関係労働者等に分割に関し通知するものとする。

② 労働契約の承継

㋐ 分割により承継される営業に主として従事する労働者の労働契約が承継される場合は，当該労働者の同意は要しない。

㋑ 分割により承継される営業に主として従事する労働者の労働契約が承継されない場合は，当該労働者は異議を申し立てることができる。意義を申し出たときは，その労働契約は設立会社等に承継される。

㋒ 分割により承継される営業に従として従事する労働者の労働契約

が承継される場合は，当該労働者は異議を申し立てることができる。意義を申し出たときは，その労働契約は設立会社等に承継されない。

③　労働協約の承継等

労働協約については，組合員の労働契約が設立会社等に承継されるときは，労使間で合意した部分（労働条件に関する部分を除く）を除き，設立会社等と労働組合との間で同一の内容で締結したものとみなす。この法律は企業分割の場合にのみ適用されるが，国会の付帯決議により，企業の合併，営業譲渡などの場合の措置についても早急に検討されることになっている。

こうした企業分割に関する法制度の整備に伴って，日本の企業間では，2000 年 12 月時点において有力上場企業の 4 社に 1 社が企業分割の検討を進めるなど，企業分割を含んだ企業グループ再編のう動きが顕著となっている3)。

5-2　e-BPO：解決すべき課題

促進要因と障害要因の混在

このように e-BPO の推進のための環境整備が進んでいる。その底流としては，「IT 革命」が加速度的に進行し，従来のビジネスモデルでは通用しないという認識が企業関係者の間で浸透していることがある。

他方，e-BPO が未だ広範には進んでいないことも事実であり，e-BPO の推進にブレーキをかける要因が依然として存在することも事実であろう。e-BPO の推進にあたっては，次に示すように，プラスに働く促進要因とマイナスに働く障害要因の両者が混在しているのが現状である。

【促進要因】

①　「IT 革命」によるビジネスモデルの転換への動き

「IT 革命」の本質がビジネスプロセスではなく，ビジネスモデルであり，ビジネスモデルの転換こそが価値を創造するものであるとの認識が一般化しつつある。

② ビジネスモデル特許の衝撃

①の動きを加速化したものに，ビジネスモデル特許がある。IT を活用したビジネスモデルが特許権の対象になることが明らかにされたことにより，ビジネスモデルの効果が関係者に具体的イメージとなった。

③ 日本型アウトソーサーである銀行（メインバンク），商社機能の全般的見直し

銀行と商社は，従来の日本型ビジネスシステムにおけるアウトソーシングを担う大きな存在であったが，金融ビッグバンが象徴するように，両者の機能の全般的見直しを進めざるをえない状況となっている。

④ WTO サービス交渉

WTO の新ランド自体はまだ立ち上がっていないが，WTO サービス交渉は，前回のウルグアイ・ラウンドにおいて交渉することが合意されていたものであり（“ビルトイン・アジェンダ”と称される。他に農業も同様である），2000 年 3 月から WTO サービス交渉は事務ベースで進捗している。そこでは，電子商取引，エネルギーなどの分野を一括りのクラスターと捉えて，クラスターごとの自由化のルールなどが議論の対象となっている。

【障害要因】

① アウトソーシングに対する意識が一般的に低い

アウトソーシングに対して大半の経営者がもっているイメージは，**3** 章で紹介したアウトソーシング発展段階のうち第 1 段階ないし第 2 段階であり，アウトソーシングが第 3 段階，第 4 段階にあるようにビジネスモデルの転換が迫られているという意識が浸透していない。

② 経営トップの意識改革が遅れている

①に関係するが，日本の場合，特に経営トップがトップ・ダウンで意

思決定する慣行が乏しく，意思決定が遅れがちになる。

③ 従業員の転籍に対するセーフティネットが十分でない

2000年6月「会社の分割に伴う労働契約の承継等に関する法律」が成立したが，同法は企業分割のみを対象にしたもので，企業の合併，営業譲渡などの場合をカバーしていない。セーフティネットの有効性は，法律の問題だけではなく日本的雇用慣行などにも関係する。

5-3 最大の課題：労働流動性の確保ができるか？

転籍に対するセーフティネットの必要性

最大の課題は，従業員の転籍に対する十分なセーフティネットを用意することである。

アメリカやヨーロッパでBPOが行われるときには，**2-1**で具体例を紹介したように1,000人，2,000人規模での従業員の転籍を伴うものが少なくない。今のところ，このような大規模な転籍を伴うものは日本では起こっていないが，今後アウトソーシングの段階が進みBPOやe-BPOが本格化してくるに従い，転籍に対する十分なセーフティネットを用意する必要性に迫られるであろう。

日本的雇用慣行の評価

この転籍に対するセーフティネットを検討する場合，基本として踏まえなければならないのは，アメリカやヨーロッパの大規模な転籍は労働市場の流動性のみならず，それを許容する雇用慣行，文化的背景があってはじめて可能だということである。

日本においては，長らく終身雇用制，年功序列制など，長期的な雇用契約を尊重する雇用慣行が続いてきた。もちろん，1990年代以降，こうした日本的雇用慣行の見直しが進んでいることは事実であるが，21世紀において日本的雇用慣行がまったく妥当しないのか，といえばそうではない。長期的な雇用契約を尊重する日本的雇用慣行は，次のような大きな利点も有している。

その第1は，企業の競争力の蓄積につながるということである。

企業の競争力の源泉は，結局は働く人々が蓄積する技術やノウハウ，知識である。そうした目に見えない無形資産だけが，真の競争力の源泉となる。そうした技術，ノウハウ，知識の蓄積のためには，当然時間がかかる。長期に雇用が継続するという期待が従業員にあれば，そうした蓄積をつくるために企業としても投資しようという動機が強くなるし，従業員の方でも蓄積のための努力をするようになる。逆に，長期的な雇用保障がなければ従業員はそのような努力はしなくなるであろうし，企業の投資も無駄になる可能性がある。

日本経済の労働需給を展望すると，近い将来，少子化傾向による労働力不足が懸念されている。労働力人口はここ数年でピークに達し，すぐに減少に転じることは確実である。

中期的に労働力の逼迫が予想される状況において，蓄積のある従業員を簡単に外部労働市場に放出してしまうことは，改めてそうした人材が必要になったときに，円滑に調達できない危険性がある。

第2は，従業員の働く意欲という点でも，長期雇用保障のメリットがあるということである。企業の明日の発展につながるような研究開発を今日行うことは，その研究者の明日の励みをつくることになる。もちろん，長期雇用保障によるモラルハザードの問題もあるが，それは企業内でのインセンティブの工夫によって対処することもできる。

第3は，企業内のコミュニケーション，特に「暗黙知」の発展にとって，長期的なフェイス・ツー・フェイスの人間関係が重要になるということである。このことは，インターネット，特にウェブ技術が本格的に取り入れられるe-BPOの段階においては，そうである。

シリコンバレーの産業クラスターの機能を説明するときにふれたが，21世紀においては，ベンチャービジネスにとってのみならず一般の企業にとっても，0と1に分解してコンピュータで処理できる「形式知」

よりも，0と1に分解できないひらめきやアイデアである「暗黙知」が知識の発展にとって重要になる。

こうして生まれた知識は，価値に転換する源泉となるものである。このような「暗黙知」は，インターネットでは交信できない。少人数の人々が集まってフェイス・ツー・フェイスでアイデアやひらめきを交換するという過程で生成・発展してくるものであり，インターネットが発達すればするほど，0と1とに符号化できない「暗黙知」の役割が大きくなる。

セーフティネットのあり方

このように考えると，従業員の転籍に対するセーフティネットとしては，日本的雇用慣行をすべて否定することも適切ではない。もちろん，従来の日本的雇用慣行にはモラルハザードの助長などの好ましくない点もあった。したがって，その点は成果主義，インセンティブ制度の導入などで欠点を補完しつつ，新しい日本的雇用慣行を創造していく必要があるであろう。

このような観点から，従業員の転籍に対する望ましいセーフティネットは，次の点に整理できるであろう。

第1に，先の「会社の分割に伴う労働契約の承継等に関する法律」の活用である。ただし，同法は企業分割のみを対象にしたもので，企業の合併，営業譲渡などの場合をカバーしていないことは前述した。

第2に，出向（その後の転籍を含む）や共同出資（ジョイント・ベンチャー）方式の活用である。出向の活用としては，1999年4月に行われた東芝から沖電気へのATM事業の移管がある。その際には，120名の東芝本体の従業員が出向という扱いとなった。また，日立製作所が信越化学に半導体シリコン事業を売却・移管したときにも，日立の20名の従業員は，3年間は出向扱い，その後転籍という条件になっている。

共同出資方式を日本で採用した例としては，大和銀行の情報システム部門のアウトソーシングがある。このケースにおいては，大和銀行と日本IBMが共同出資会社として「ディ・アンド・アイ情報システム」（出資比率：大和銀行65％，日本IBM 35％）を設立し，大和銀行の情報システム部門の人員約260名と日本IBMの人員約40名を，出向の形をとって移籍させた。

この共同出資方式は，アメリカのアウトソーサーであるアースト＆ヤングによってアメリカでも広範に採用されている（この方式に消極的なPWCでも不動産部門においては，この方式が採用されている）。この方式の欠点としては，共同出資会社の意思決定のあり方が不明確になりがちであるということがあげられるが，その点は事前の契約で明確化を図ることにより回避されるべきであろう。

第3は，PEO（Professional Employer Organization）と呼ばれる独特な人材関連業務に特化したアウトソーサーの整備である。アメリカで発達しているPEOにおいては，被雇用者は雇用者とともにPEOとも雇用契約を結ぶ。PEOは被雇用者の給与支払業務，福利厚生業務などの人材関連業務を実施し，雇用者は被雇用者に対する職務上のリクワイアメントの提示，職務遂行の監督，教育訓練などの業務関連業務を行う。

この形態は人材派遣形態とは異なり，比較的長期間雇用を保障する。雇用者はわずらわしい労務管理業務から解放され，人材育成などの人的投資も安心して行える。このPEO方式は，アメリカにおいて20人未満の中小企業に多く浸透しており，実際にPEOを通して雇用されている従業員は200万〜300万人と推計されている。現在約2,000のPEOが存在するといわれ，PEO産業は，年率20〜30％の成長率をとげ，180億ドル（2兆円強）の市場規模があると推計されている。

日本においては，いまだ本格的なPEOは登場していない。しかしこの方式は，特に中小企業の多い日本に適していると考えられ，今後整備を推進していく必要がある。

能力開発こそ最大のセーフティネット

以上のセーフティネットのほかに，個人のキャリアカウンセリングや能力開発を進める必要がある。従業員に対する最大のセーフティネットは，その従業員個人が自己の可能性を認識し，生きがいをもって仕事に取り組むことであり，この点に関するセーフティネットの構築が必要である。日本では，このような積極的なセーフティネットの構築が遅れており，アメリカを参考にして，今後のあり方を考えてみよう。

【コーチング】

まず第1に，アメリカではキャリアカウンセリングの進んだ形態として“コーチング”と呼ばれる手法が発達して，従業員に対してプログラムを提供している。従来のキャリアカウンセリングが個人のキャリア形成においていったい何が問題になっているかを見つけることを介助するのに対して，“コーチング”は，さらに一歩進めて，個人が本当に望んでいることを引き出し，そこに向かって前進するためにはどうするべきかを見つける介助をすることである。

今アメリカの競争力の強い企業は，個人の能力開発に“コーチング”が有効であることに気づき，そのためのプログラムを実践に移している。もちろん，“コーチング”を導入して直ちに企業としての成果につながることを期待することは難しい。要は，“コーチング”の導入により，社員のやる気やモチベーションを高めることが目的なのである。

加えて，この“コーチング”には別の目的がある。それは，この“コーチング”を導入している企業は，それを従業員教育の一環としてよりも，むしろ“従業員満足度”（ES: employee satisfaction）向上のメニューの1つとして捉えていることである。

“コーチング”を各企業がこぞって導入する理由は，従業員個人に自己のキャリアを管理する責任をもたせ，それぞれが自らの責任においてプロフェッショナルになってもらうことにある。この“コーチング”を受けることで，個人が自分で自分の道を見つけ出して元気になることができれば，本人にとっても企業にとってもよい結果になる。そして，そのようなプログラムが用意されていることが，“従業員満足度”の向上につながるのである。

シリコンバレーでは，このような“コーチング”を大企業が共同して進めている。クパティーノ市にある非営利組織（NPO）である「キャリア・アクション・センター」（CAC: Career Action Center）は，ヒューレット・パッカード，サン・マイクロシステムズ，IBM などの企業の寄付金によって設立，運営されている組織であり，シリコンバレーにある大企業を中心に，CAC で育成されたキャリアカウンセラーを派遣し，従業員の“コーチング”を行うというサービスを提供している。CAC は，1973 年，女性の再就職や労働市場への再参加をサポートすることをミッションとして設立された。現在 CAC が提供するサービスは大きく 2 つあり，コミュニティ向けサービスと企業向けサービスである。

前者のコミュニティ向けサービスでは，CAC のリソースセンターにおいて，サービスを利用する個人がキャリアに関する資料や求人票を閲覧・検索したり，カウンセリング・サービスを受けたりする。また，インターネットを活用したキャリア・アクション・ネットワークを通じて，転職や求職のサポートを受けられるようになっている。

後者の企業向けサービスでは，前述のヒューレット・パッカード，サン・マイクロシステムズ，IBM など約 250 社と共同して事業が推進されている。具体的には，CAC において各社の従業員を対象にした 2 日間の「キャリア・セルフ・リライアンス」導入コースが開設され，その後も電話でのカウンセリングが可能となる。カウンセリングは，CAC が契約しているキャリア・コンサルタントによって行われる。また各企業には，CAC が契約している約 60 名のコンサルタントが派遣され，各企業の専属コンサルタントとして，各企業の従業員に対して“コーチング”を行うという仕組みとなっている。

【コミュニティ・カレッジによる能力開発】

第 2 に，能力開発がある。アメリカでは，州や地域の基金によって設立・運営されている 2 年生の短期大学である「コミュニティ・カレッジ」も個人の能力開発に大きな役割を果たしている。「コミュニティ・カレッジ」は全米に約1,100校存在し，学生数は約550万人である。そもそも学術的な教育を提供する機関であったが，地域との密接な連携のもとで会計，ビジネス管理，通訳，法律事務，歯科・医療補助など，地域のニーズに応じた幅広い能力開発機会を提供している。能力開発に際しては，地域の産業界の意見を取り入れてカリキュラムを設定しているため，実際の仕事に役立つ能力・技能を効率よく身につけることを可能にしている。

地域の産業界と「コミュニティ・カレッジ」の連携は親密かつフレキシブルであり，企業の実務家・専門家が「コミュニティ・カレッジ」の講師を務めることもある。企業が企業内訓練を「コミュニティ・カレッジ」に委託する場合，従業員を特定のコースに通わせるほか，企業がスポンサーになってコースを設ける場合もある。

この「コミュニティ・カレッジ」の典型的な事例が「ウェスト・ロサンゼルス・コミュニティ・カレッジ」（WLACC: West Los Angels Community College）のケースである。WLACCは，完全独立採算性で運営され，年間予算は200万～300万ドルでスタッフは15人程度，講座毎に教授や講師と契約している。収入は連邦政府，州，市の助成金，各企業の寄付金，個別企業に対するコンサルティング料などからなっているが，収入の確保のためには他の「コミュニティ・カレッジ」と厳しく競争しなければならない。ちなみに，ロサンゼルスには9つの「コミュニティ・カレッジ」があり，カリフォルニア州全体では100強の「コミュニティ・カレッジ」が存在する。

同校の技術起業家支援コース（technology entrepreneurship program）は基礎的な企業経営支援，技術のトレンド等の修得，公的助成支援の方法等を教える。1回10人，10週間で160時間のコースを8回行い，起業家がビジネスプランを作成できるようになることを目的としている。最近は，これに加えて企業内教育への支援を重点的に行っている。

「キャリア・セルフ・リライアンス」

以上のように，アメリカでは企業の共同イニシアティブとしてのCAC や大学と企業の協力による「コミュニティ・カレッジ」などのプログラムが発達し，積極的なセーフティネットの構築が進んである。そこに流れているのは，キャリアは自己のものであり，キャリアの自己設計を促すという「キャリア・セルフ・リライアンス」である。

世界銀行の前チーフエコノミストであるスティグリッツ・スタンフォード大学教授は，2001 年 1 月に来日し，IT による効率的で成長力が高まる経済を実現するためには，リスクに挑戦できる流動的な労働市場が必要であり，そのためには，企業による終身雇用ではなく，個人が生涯を通じて「雇用される能力」(employability) を磨くことと生涯学習が必要であることを強調した。

今後日本でも，このような積極的なセーフティネットの構築という段階まで関係者の認識が進んでくるであろう。日本版の CAC やコミュニティ・カレッジなどのプログラムが早急に具体化される必要がある[4)]。

5-4 「アウトソーシング・ビッグバン」へ：突破口は シェアード・サービス

「15 正面作戦」!?

3-4 で説明したように，アウトソーシングはリストラ，提携，価値創造，e - 価値創造の 4 段階を経て進行する。日本におけるアウトソーシングの現状は，依然として第 1 段階あるいは第 1 段階と第 2 段階の中間 (第 1.5 段階) に属するものが大半であり，第 2 段階以上のものはまだまだこれから，という状況である。ただし，「IT 革命」の進展のなかで第 2 段階あるいは第 3 段階のものも見られるようになっており，今後急速にステージ・アップすることが予想される。現に，アウトソーシングの第 2 段階以上のものに対応した IT アウトソーシングを中心として，ア

図表 5-1　アウトソーシングビッグ・バンへの 15 正面作成

- コスト削減（第 1 段階），専門性活用（第 2 段階），BPO（第 3 段階），e-BPO（第 4 段階）の同時進行
- プレイヤー：大企業，中堅・中小企業，ベンチャー・マイクロビジネス，準行政，行政

プレーヤー ／ アウトソーシングの目的	大企業	中堅・中小企業	ベンチャー・マイクロビジネス	準行政・行政
コスト削減				
専門性活用				
BPO				
e-BPO				

（資料）加藤作成。

ウトソーサーの活動が次第に活発になってきている。

アウトソーシングを必要とする主体もビジネスのあらゆる分野にわたっている。大企業のみならず，中堅・中小企業，ベンチャー企業・マイクロビジネス，行政・準行政（医療，福祉など）などである。

図表 5-1 は，縦軸にアウトソーシングの発展段階をとり，横軸にアウトソーシングを必要とする主体を並べて，アウトソーシングのマトリックスを描いたものである。この図表が示すように，いまだアウトソーシングの第 1 段階をも完了していない日本経済においては，15 の分野が今後取り組むものとして存在する。日本経済は，「IT 革命」の進展のなかでこれら 15 分野の課題を一挙に解決する必要に迫られているわけであり，いってみれば，「15 正面作戦」の同時進行が求められているといえる。

必要となる発想の転換

「15 正面作戦」の同時進行というと，“気の遠くなる”課題のようにみえるが，ここで必要となるのは発想の転換である。大企業のみならず，

中堅・中小企業，ベンチャー企業・マイクロビジネス，行政・準行政などアウトソーシングを必要とする主体は，第1段階から順次アウトソーシングを進めていく必要はない。ここで必要なのはスピードであり，思い切ってIT時代のビジネスモデルに転換することである。

したがって日本企業や行政としては，むしろ，第4段階のe-価値創造，すなわちe-BPOに最初から取り組むべきであろう。e-BPOの推進は，その前のリストラ，提携，価値創造の3段階を省略することになる。

アウトソーシングに関して日本は，むしろ後発国であり，そのようなときこそ“後発の利益”を活かして，大企業，中堅・中小企業，ベンチャー企業・マイクロビジネス，行政・準行政いずれにおいても，e-BPOを果敢に進めるべきであろう。必要なのは，このような「アウトソーシング・ビッグバン」の演出である。

「アウトソーシング・ビッグバン」というと，現実性のないものに聞こえるかもしれないが，**2**章および**3**章で明らかにしたように，日本経済において「アウトソーシング・ビッグバン」を進める環境条件がそろっていないかというと，そうでもない。企業結合と企業分割に関する新しい法制度の整備は急速に進められており，最大の課題である労働流動性の確保さえつけることができれば，経済を構成するあらゆる主体においてe-BPOが浸透し，「アウトソーシング・ビッグバン」が進む可能性がある。

労働流動性の点についても，2000年6月に「会社の分割に伴う労働契約の承継等に関する法律」が成立したことは象徴的な意味を有する。同法は，企業分割のみを対象にしたもので，企業の合併，営業譲渡などの場合をカバーしていないが，それらについても早急に対処がなされるであろう。また，単純に労働流動性が高ければ問題が解決するわけではなく，むしろ労働者に対するセーフティネットという観点からすると，日本的雇用慣行にもメリットがあることは，**4**章で述べたとおりである。

“クリティカル・マス”（しきい値）の演出

ここで必要となるのは，ようやく日本経済においても見られるようになったBPOやe-BPOに向けた動き（具体的には，**3**-2参照）を一挙に拡大し，進展のスピードをあげるための“クリティカル・マス”（しきい値）を超えるための演出である。

このための方途としては，**2**章で述べたことから明らかなように，①経営トップの意識改革と，② コーチングをはじめとする従業員に対するセーフティネットの整備が必要とされるが，問題は，このいずれもが人間に絡むものであり，短期間に効果を上げることは難しいと予想されることである。

では，まったく道がないのであろうか？　そうではない。図表5-2に示すように，われわれには最終到達点に至る別の道，すなわち，現在企業が進めようとしている変革の延長線で「アウトソーシング・ビッグバン」が進む道が開けているからである。この図表5-2は，縦軸にサービスの提供主体が社内にいるか，社外にいるかによって区分し，横軸にサービス提供部門が企業にとってコストセンターとして位置づけられているか，プロフィットセンターとして位置づけられているかによって分けたものである。

この図に示すように，新しい価値創造に至るためには3つの経路がある。Aの経路は，バックオフィス部門をサードパーティ事業者に直接アウトソーシングするものであり，Bの経路は，バックオフィス部門を子会社としていっきに分社化するものである。これに対してCの経路は，社内顧客向けのシェアード・サービス部門として専門性を磨き，その後専門化してサービスを外販するというものであり，「アウトソーシング・ビッグバン」を進めるため，アウトソーシングの推進という経路のほかに，もう1つ別の経路（=「シェアード・サービス」）が存在することを示している。

「シェアード・サービス」は，企業のバックオフィスのサービス向上とコスト削減を進めるものである。今「シェアード・サービス」が日本

図表 5-2 「アウトソーシング・ビッグバン」へのもう1つの道

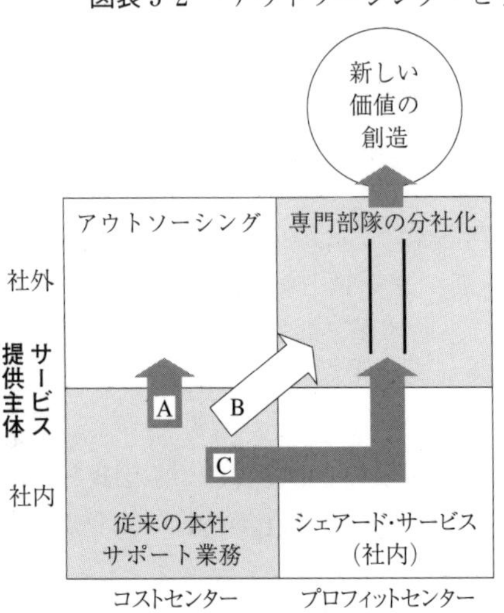

Ⓐ
バックオフィス部門をサードパーティ
事業者に直接
アウトソーシング

Ⓑ
バックオフィス部門を子会社として
いっきに分社化
(ただし明確なミッションがなく,
顧客サービス意識も薄いと,
コストセンターから抜け切れずに
失敗に終わる)

Ⓒ
社内顧客向けのシェアード・
サービス部門として専門性を
磨き，その後分社化して
サービスを外販

(資料) ダイヤモンド・ハーバード・ビジネス『間接部門を甦らせるシェアード・サービスの導入』August/September 1992. を加藤修正。

企業に広範囲導入されようとしており，そこが起爆剤となって一挙にe-BPOが浸透し，「アウトソーシング・ビッグバン」が進む可能性がある。

進むシェアード・サービスへの動き

シェアード・サービスとは,

- 複数の組織で実施している間接業務を1箇所に集中させ（サービスの集中),
- その組織を独立採算化させ（組織としての独立),
- 顧客にサービスを提供する（顧客の視点)

という企業変革手法であり，2000年3月期からの子会社も含めた連結決算の導入によって，日本企業に広範に浸透しつつあるものである。

シェアード・サービスが従来の分社化やアウトソーシングと異なるの

図表 5-3　シェアード・サービスセンターのイメージ

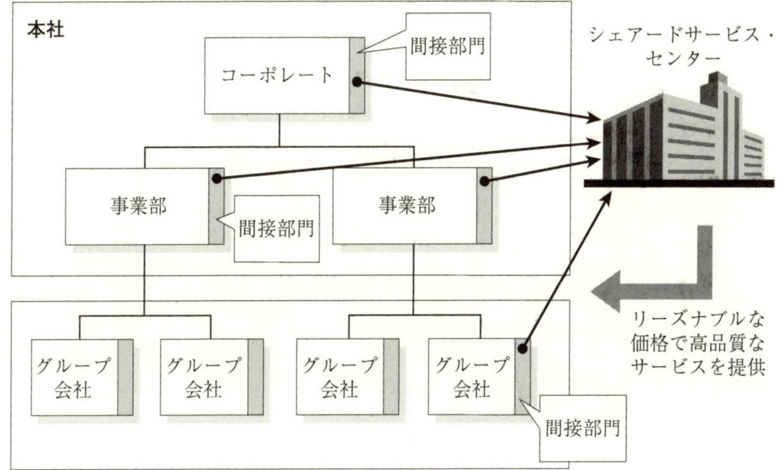

（資料）　アーサー・アンダーセン作成。

は，本社の見かけをよくするだけのものではなく，**図表 5-3** に示すように，新しく設立される「シェアード・サービス・センター」をコスト・センターからプロフィット・センターへと転換させるものである。その点で，真の意味での企業変革ということができる。

従来の企業変革は，ともすれば本社人員の削減，人件費の減少などの消極的な意図のもとに行われたものが多く，積極的な改善が行われることはなく，そこに配置される従業員のモラルも下がることが多かった。分社化された子会社のパフォーマンスも評価されることは少なく，その結果として本社の経営のお荷物ともなっていた。シェアード・サービスは，このような分社化とは対極にあるものである。コスト削減はもちろん，意思決定の迅速化，経営品質の向上，そして経理などのプロフェッショナルを養成することもできる。

その典型的な例は，横河電気グループの横河ファイナンシャル・サービス㈱である。同社は，本社機構と事業部の間接コストの 50％を削減する方針のもと，1993年経理部経理課員の出向により設立された。設立当初は，経理課が行っていた単独・連結決算，出納，支払業務などを引き継いでスタートしたが，続いて，関連会社の経理・給与計算業務の代行を加え，94年には大都市圏の売掛金回収・出納業務を従業員ごと引き受けることとなった。その後99年には，グループ経理専門会社としての位置づけをさらに明確にすべく，本社の管理会計業務を取り込み，連結経営時代に対応した体制づくりに取り組んでいる。

以上のようなシェアード・サービスの結果，現在では，① グループの経理関係業務すべて，② 金銭貸付などの金融業務，③ 経営に関するコンサルティングにまで業務が拡大している。

シェアード・サービスの進め方

シェアード・サービスの対象になるのは，次の業務である。

- 経理・財務：一般会計，支払管理，内部監査，債権管理，購買管理，保険，税務申告，資金管理（キャッシュマネージメントを含む），外国為替（ネッティングを含む）
- 人事：給与支払業務，人事情報の管理，福利厚生，教育訓練
- 情報処理：システムの標準化，システム開発，アプリケーション開発，アプリケーション・メンテナンス，情報通信，ハードウェア・ソフトウェアの取得
- 法務：渉外，法規制遵守，規格申請

これらの業務を対象にしてシェアード・サービスを進めることにより，シナジー効果（グループ全体のシステムの標準化による統合効果），レバレッジ効果（グループ全体の資金運用の効率化）を期待でき，本社のコアコンピタンスを高めることも可能となる。

シェアード・サービスは，間接部門がプロフィット・センターとなるための仕組みをつくる方法論である。その目的は，① 厳密なコスト管理を行うこと，② コスト管理のみでは人員削減などの縮少均衡の発想しか出てこないディメリットを解消することである。具体的には，新し

く設立されるシェアード・サービス・センターがインターナル・サービスを提供した対価を他の部門から回収し，収支としての利益を向上させる。また，シェアード・サービスは，将来的に社外へのサービス提供も視野に入れている。

このためシェアード・サービス・センターは，まず他の部門との間でインターナル・サービスを提供し，サービスの対価を回収するという「サービスレベル・アグリーメント（SLA）」を結ぶ。それと同時並行的に，コストを究極まで削減するため BPR（Business Process Reengineering）を導入するとともに，具体的なコスト削減手法を実施する。その手法として注目されるのは，ABC（Activity Based Costing：活動基準原価計算）分析と業務評価指標によるベンチマーキングである。

ABC 分析とは，**図表 5-4 ①**に示すように，各組織における経営資源を，一定の配賦基準（資源ドライバー）によって業務活動別に配賦し，業務活動別の単価を算出する。次に，この単価に件数などの数量（コストドライバー）を乗じることによって，コスト計算対象別に配賦を行い，業務成果物ごとにコストを集計するものである。

これに，**図表 5-4 ②**に示すように業務評価基準を結合させ，他の類似の例から得られる最も優れたベスト・プラクティスによる分析結果から，目標値を設定する。この目標値と現状がどの程度乖離しているかを測定し，乖離を次第に小さくすることによってベンチマーキングしていくのが業務評価指標によるベンチマーキングである。

このような ABC 分析と業務評価指標によるベンチマーキングが成功した会社として，アメリカの会社であるがアメリカン・エキスプレスのケースを見てみよう[5)]。

アメリカン・エキスプレスでは，旅行関連サービス事業部の経理部門における「支払業務」，「給与振込業務」および「銀行決済業務」を対象に，アメリカ，ヨーロッパ，アジアの世界 3 箇所への集中を行った。そして，これら世界 3 箇所のシェアード・サービス・センターが社内顧客へ料金を請求できるには，こうしたユーザーの納得が得られるサービス

図表 5-4　ABC 分析を使った業績評価

① 業務別コストの算出過程

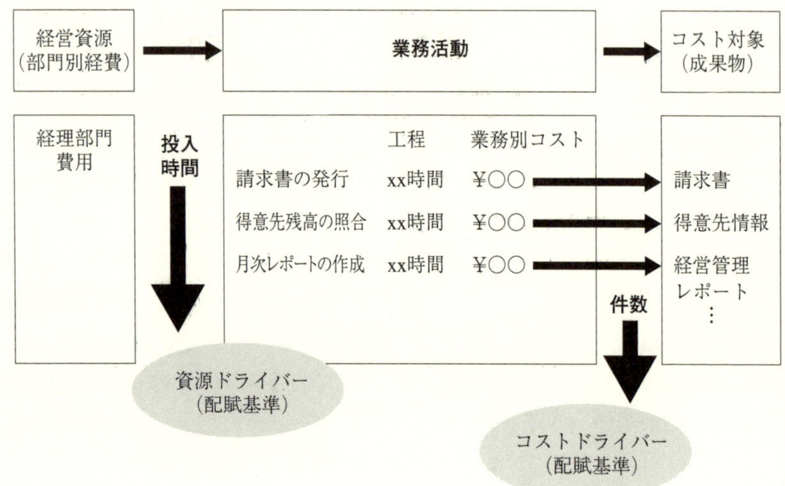

② 業績評価基準の設定

「給与振込業務」
アクティビティ：チェック作業（就業時間の集計）
対象期間 1 カ月

業務評価基準	カテゴリー	平均値	限界値	目標値	限界を超えた場合の対策
単位当たりコスト	コスト	3.20	4.00	2.50	すぐに品質をチェックし，コスト内容を検証し，問題点を指摘して改善する。
業務量に対するエラー数	品質	6,000 件に 1 件	5,000 件に 1 件	10,000 件に 1 件	原因を特定化し，トレーニング内容を修正する。
期間当たりの処理枚数	時間	25,000	23,000	30,000	原因を分析し，業務処理内容をレビューする。

（資料）アーサー・アンダーセン作成。

料金算定の仕組みが必要であると考え，ABC を使ったサービス料金算定システムを開発した。サービス売価設定にあたっては，市場価格を使うのではなく。コストプラス方式をとった。すなわち，業務別実際コストを提示することによって，コストの妥当性をユーザーに納得させる一方で，品質向上とコスト削減を続けることとした。その結果，年間 8,000 万ドルから 1 億 2,000 万ドルにわたるコスト削減に成功している。

日本企業に必要なもの：e-シェアード・サービス

日本企業は，21 世紀において厳しくなる「大競争」（メガ・コンペティション）のなかで大きく変革を迫られている。肝心なのは変革のスピードである。そのようなときこそ，日本企業は前述した“後発の利益”を活かしてシェアード・サービスに果敢に挑戦しなければならない。そのとき必要なのは，アメリカで進んでいる ABC 分析と業務評価指標によるベンチマーキングとともに，e-BPO の手法をシェアード・サービス・センターによるサービス提供に導入することである。これはシェアード・サービス・センターが，**4-2** で説明した“パッケージド・サービス”（packaged services）をウェブ上で提供するもので，いわば「e-シェアード・サービス」と称しうるものである。

日本経済には，この e-シェアード・サービスを必要とする企業，企業グループが数多く存在している。むしろ，この点で“豊富な在庫”を有しているといってもよい。それらの企業，企業グループがシェアード・サービスへと進んでいく経済条件も整っている。当然のことながら，経済合理性に合っていることは大きく進展する。この動きを加速するのが，e-シェアード・サービスであり，今後 e-シェアード・サービスが進展して「アウトソーシング・ビッグバン」がしきい値を超えることも可能である。

このシェアード・サービス・センターは，設立当初は親会社が 100％株式を保有する子会社形態をとるものが多いであろうが，次第に **1** 章で紹介した株式交換や企業分割制度を活用して分社化と株式公開の方向に進むであろう。この方向を示唆しているのが，NTT ドコモと富士通サポートアンドサービス（株）のケースである。

NTT ドコモは，今や IMT 2000（動画も送受信できるインターネット携帯端末）の時代において世界に飛躍する数少ない日本企業であり，親会社をしのぐ株式時価評価を得ている企業であるが，一般通信の黒字部分で，移動体通信のような赤字部門を補てんするのは独占禁止法上好ましくないという観点から分社化されたのであった。したがって，当初の経営は赤字で 2,000 人の社員のモチベーションも低かった。そこで起死回生となったのはインターネット携帯端末の i モードであり，**3**-2 で紹介したように，アウトソーシングにも取り組んでいる。

また富士通サポートアンドサービス（株）は，かつて富士通の子会社として大型汎用コンピュータのメンテナンスをやっていた企業で，富士通から移籍したシステム・エンジニア（SE）を 3,800 人も抱えていた。単なるコンピュータのメンテナンスをやっていた子会社時代は働く人のモチベーションも低く，人件費の固定化に悩む典型的な企業であった。

しかし，次の 3 つの経営革新から新生富士通サポートアンドサービス（株）が誕生した。

① 事業領域（ビジネス・ドメイン）の変更

メインフレームのメンテナンスだけでは将来性がないので，インターネット・イントラネット構築，データベース・セットなどのネットワークソリューション，システム・インテグレーターへと転換する。

② 3,800 人の SE を重要な企業資産として活用

従来の営業は文科系が中心であったが，3,800 人の SE を営業にも回し，同じ SE でもソリューション・ビジネスを現出するセールス・アンド・システム・エンジニアに生まれ変わらせた。

③ 3 年を目途に株式公開することを宣言

親会社の富士通もゴー・サインをだし，さらに役員以上はストック・オプションをもつこととされた。現在，この富士通サポートアンドサービス（株）は社員のモチベーションも高い新しい企業体として甦ってい

る。このケースのように，今後は分社化してさらに上場を目指すことが多くなるであろう。その際ストック・オプションを導入すれば，シリコンバレーのような躍動感を会社に漲らせることもできる。

2001年に入り，e-シェアード・サービスが急速に進展する徴候が見えるようになってきた。NEC，富士通などの情報大手が人事部門の一部を分社化し，インターネットを活用した給与計算や保険手続きなどの受託サービスに乗り出しはじめている。日立製作所は，すでにそのような企業を2000年4月に設立しており，2年度には20億円の売上げを目指している。

人事部門の分社化は，1990年代半ばから三菱商事や横河電気などの大手企業が相次いで実施したが，いずれも本社をスリム化し給与計算などにかかる人件費を抑制することが主なねらいであった。このNEC，富士通，日立製作所などの情報大手の動きは単なるスリム化のみならず，e-シェアード・サービスを企業の内外に提供してプロフィットセンターとなることを目指している[6)]。

5-5　「アウトソーシング・ビッグバン」を加速するもの：物流，電力，医療，行政の変革

4章で述べたように，シェアード・サービス，特にその発展形としてのe-シェアード・サービスは「アウトソーシング・ビッグバン」の“クリティカル・マス”（しきい値）を演出する。実は，このような「アウトソーシング・ビッグバン」の“クリティカル・マス”の演出を促進する要因がある。それは，物流，電力，医療，そして行政の分野で進む“変革の嵐”である。

この，物流，電力，医療，行政の4分野は，いずれも規制で守られてきたか，新しい経営の発想やマネージメント手法の導入が遅れた分野である。そして，いずれの分野も「変革を求めるエネルギー」が蓄積され

てきて,「アウトソーシング・ビッグバン」が起ころうとしている。それぞれの状況を見てみることとしよう。

物流ビッグバンへ：3PL の進展

【3PL の展望と効果】

日本では，まだ物流は生産・販売の後処理とみなされて，調達から販売までの全プロセスにおける物流の効率化を追求する動きは少ない。また，顧客サイドでも本格的に 3PL を利用している企業は少ない。物流を経営全体に結びつける戦略的な発想が普及していないこともあるが，物流業務を一括してアウトソーシングすると，自社の物流を自ら把握できなくなるとの懸念も強い。特に，大企業の場合は，物流を内製化する傾向が強い。

しかし今後の展開を考えると，少量多頻度配送による市場ニーズへのクイック・レスポンスの向上や， GDP の 10％を占める構造的に高い物流コストの削減など，物流システムの効率化の必要性は非常に高まっている。また，他社との差別化を図るための方法が，製品・サービスそのものだけではなく，製品の供給方法にもあるとの認識が急速に高まっており，戦略的な物流の展開が重要性を増している。

アメリカでは，1990 年代に入って物流分野における e-BPO というべき 3PL が急成長し，97 年時点で主要市場における 3PL 利用率は 73％に達している。その要因は，次の 4 つである。

① 物流改善が競争力強化に結びつくという認識の浸透
② 顧客のコアコンピタンスへの特化とコアコンピタンス以外のアウトソーシングの進展
③ 物流分野における規制緩和
④ ③ を背景とした物流分野における競争激化とそれによる高付加価値業務の進展

アメリカの 3PL の特徴としては， SCM（サプライ・チェーン・マネージメント）の一環として導入されていることであり， SCM 改善のコン

図表 5-5　3PL への発展

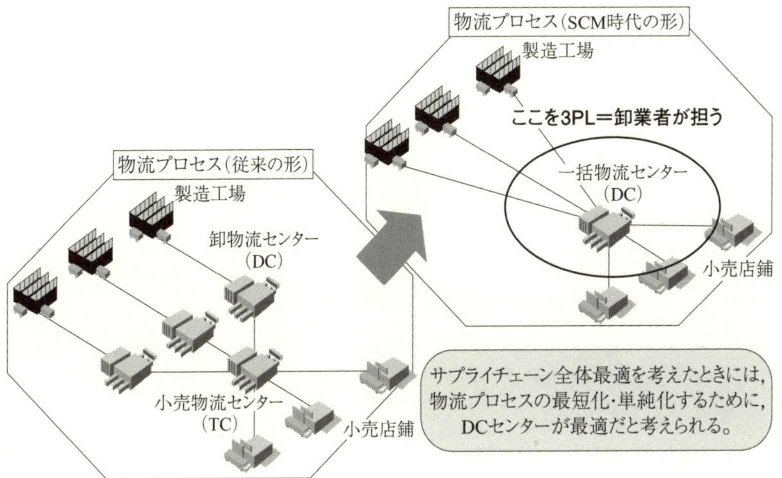

（資料）　プライス・ウォーターハウス・クーパーズ作成。

サルティング機能やリスク・マネージメント機能をも有している。3PL の効果としては，これにより 40～65％の資金回収期間が短縮され，売上高の 3～6％の物流コストが削減されている。また，3PL の市場規模としては，上位 56 社で売上高 320 億ドルにも達している。日本では，ようやく 10 年遅れてこのような要因が整備されようとしている。

今後 3PL を進める課題としては，

①　3PL 事業者・顧客双方からの情報開示

②　物流 EDI の標準化

の 2 つがあげられるが，この 2 つが整備されれば，3PL が日本でも急速に進むと考えられる。

従来日本の物流は，在庫型物流であり，粗利ビジネスともいえるもので相当遅れている。しかも，卸の機能に関しては「中抜き」要請が強くなっており，そこに 3PL が新しい物流改革の方向性を示す意義がある。

図表 5-5 は 3PL を図解したものであり，従来の卸物流センター（DC）

と小売物流センター（TC）を統合した一括物流センター（DC）の機能を担うものである。このような状況下で，3PL の効果としては次のものが考えられる。

❶ 物流コストの削減
- センター運営費の低減
- 配送コストの削減
- 在庫削減
- 調達コストの削減

❷ サービスの向上
- 納品精度の向上
- リードタイムの短縮
- 欠品・返品の極小化
- 最先端 IT による武装（ASP の活用）

【3PL が提供する機能】

3PL におけるビジネスモデルとしては，粗利ではなく，ABC 分析によるコスト・プラス方式を採用してコストをミクロベースで管理するとともに，オープンブック方式（コスト内訳開示方式）を採用することで透明な価格体系を提示し，適正な物流機能代行フィーを請求するものであることが必要である。

この 3PL 段階における物流は，「ロジスティックス＝物流機能＋情報機能」で表せられる。ここでのロジスティックス機能は，ASP 方式によって，次のようなサービスが提供される。ここでは，日本においてプライス・ウォーターハウス・クーパーズ・コンサルティング（PWCC）によって提供されているものを紹介してみよう。

❶ APS（Advanced Planning System）

適正な SCM 実現のための課題としては，(a) 部分最適と全体最適とのギャップ，(b) 長い計画立案サイクルのため計画と結果との間に生じるギャップの 2 つがある。

APSは，

① 需要予測（最終顧客の購買情報や統計的な需要予測手法を通じて，顧客思考の変化を捉え，市場のトレンドを把握することによって，確実性が高く信頼性のある需要予測を行う）

② 供給計画（調達から生産，物流までのすべてのサプライチェーンを視野に入れ，資材，能力，輸送経路等の制約条件を同時に考慮した，実現可能で全体最適な製品供給計画を立てる）

③ 詳細生産計画（資材納入予定や製造ライン応力の制約条件を同時に考慮しながら，製品在庫や仕掛かりを最小化した実現可能な生産計画をつくる。必要な製品を，必要な時期に，必要なだけ製造する）

④ 納期確約（実現可能で全体最適な製品供給計画に基づき，正確で信頼のできるリアルタイムの納期確約をする。販売組織の「顧客に対してコミットする能力」を通じて，顧客サービスレベルを向上させる）

の4つのサブシステムよりなり，SCMにおける戦略的な意思決定をサポートする。

❷ i2 RHYTHMシステムソリューション

i2テクノロジー社により提供されているソフトを活用している。「サプライチェーン・プランナー」(supply-chain planner)，「ディマンド・フルフィルメント」(demand fulfillment)，「ファクトリー・プランナー」(factory planner) および「ディマンド・プランナー」(demand planner) を用意して，SCMを構成する各種の計画が同期がとれるように動くようにしている。

このうち，最も活用されている「サプライチェーン・プランナー」の機能を説明すると，例えば，在庫切れになったとき，「納期に間に合う分だけ出荷する」，「納期遅れでも，出荷できるタイミングで分納する」などの「プロミス・ポリシー」(promise policy) を入力してやると，調達量を減らす，出荷量を減らす，出荷のタイミングをずらす，代替サプライヤーを使う，などの解決方法のうち最適なものを，SCMを構成する各種の計画単位に指示するようになっている。

電力ビッグバン：電力市場化の時代へ

【電力ビッグバンの展望】

2000年3月21日，改正電気事業法が施行となり，ホテルや百貨店といった大口顧客への電力小売りが自由化された。これにより，同年8月には通商産業省本省ビル，同年9月には大阪府庁などの電力調達が競争入札によって行われた結果，電力小売事業者により従来よりも安い価格で電力が供給されることとなった。同年11月にはアメリカ企業であるエンコム社（エンロン社の出資会社）により，青森県六ヶ所村に国内最大規模のガス火力発電所を建設する計画が発表された。しかも，この自由化については3年後の03年に見直しが行われることになっている。この自由化は象徴的な出来事で，今後日本でも「電力ビッグバン」が進む可能性がある。

電気事業は，① 発電，② 送電，③ 卸供給，④ 配電，⑤ 小売り，の5つのサブシステムからなる総合システムであるが，長らくこの5つが統合されたシステムが最も効果的で，自然独占にならざるをえないと説明されてきた。しかし，1995年の「電力の卸売り解禁」によって崩れはじめ，① の発電の一部が競争となった。入札した「独立発電事業者」（IPP: Independent Power Producer）による電気が，部分的に電力会社を通じて市場に入るようになったのである。2000年3月の大口顧客への電力小売自由化は，それを一歩進めたものであり，⑤ の小売り段階に市場を形成しようというものである。

このような，① の発電と ⑤ の小売りの2つの段階に市場を形成しようという試みはなぜ行われているのであろうか？　一般的には，欧米に比して2割以上高いといわれている日本の電気料金を下げることにあると説明されている。しかし，設備費や人件費などすべての点で日本のコストが割高であることを考えると，そうした国際比較に基づく議論だけが決定的なものではないだろう。自由化の最大目的が電気料金の引き下げにあるという見方は，いささか短絡的にすぎる。その1つであることは間違いないが，これは世界的に起こっている自由化の流れのなかで行われているのであり，その本質は，電力業界自らの競争力強化を目指した電力業界の再編とみるべきであろう。

電力の自由化は，世界的な電力市場の変化のなかで捉えるべきであり，業界再編の行きつところには，エネルギーを含む各種サービスの融合化という構図が見えている。このことは，電力の自由化の方向性を展望してみると明らかとなる。**図表5-6**は，今後の電力のビジネスモデルの変化を展望したものであるが，この図表中 (a) は，①の発電と⑤の小売りの2段階において部分的な自由化が行われた日本の現状を示している。

日本でも，すでにアメリカのエンロン社が参入を開始して話題を呼んでいるし，大阪ガス，NTTファシリティーズも参入している。これらは，続く (b) の段階を睨んだものである。

また，最近マイクロガスタービン，燃料電池などの小型分散型電源の技術革新が著しく，消費者が自分で電力をつくることで低廉な電気料金を享受しようという動きも出てきた。2000年には30kW級のマイクロガスタービンが量産化に入っているが，2010年までには1kW級の燃料電池が量産化を始めるといわれている[7)]。

これは，コンピュータの世界で1980年代に大型コンピュータから，パーソナルコンピュータ，ワークステーションへと世代交代に擬せられる。電力会社の対応が遅れれば，コンピュータ業界における90年代のIBMのように，相当の苦戦を強いられることになるであろう。

大阪にあるエネサーブという会社は，自社製造の170kW級の小型ディーゼル発電機を，自家発電装置としてリースすることで，年間200億円の売上げがある。エネサーブの魅力は，電力会社より低廉な電気コストである。東京電力もマイクロガスタービンを使った自家発電装置のリースを開始しているが，このようなマイクロガスタービンや燃料電池を巡る動きは，発電のさらなる自由化を促進することになるであろう。

この (a) に続く次の段階は，イギリスなどで行われた，① の発電の完全自由化である。これは系統運用者が発電事業者から電気を調達するという形態であり，配電会社による地域独占は続くものの，これによっ

図表 5-6　電力ビジネスモデルの変化

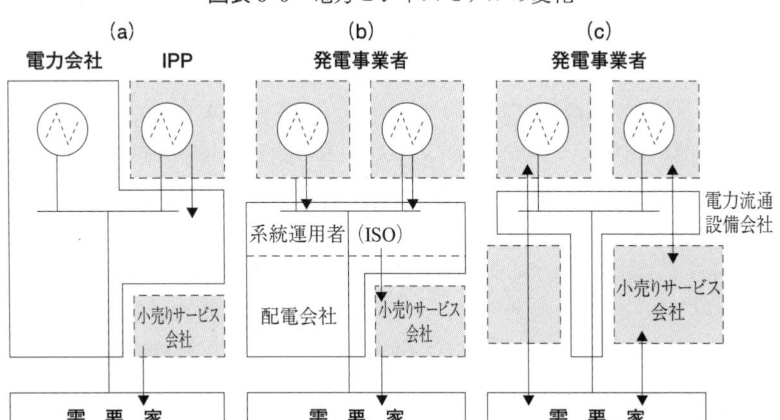

電力会社が一部電気をIPPから調達し，小売り一部（大口）が電力会社以外から供給される形態。

系統運用者が電気を発電事業者から調達する形態。発電が完全自由競争になる。配電会社は地域独占が続くが，発電，送電，配電は事業体自体あるいは会計が分離される.

流通設備（送配電系統）を通る電気と取引が分離。流通設備はコモンキャリアと見なされる。電気の価格は多様化し，電気の流れと逆方向の売買も成立する。小売りサービスは各種サービス事業と結合。

現在の日本のシステム

英国のシステム

北欧，米国のシステム

（資料）　三菱総合研究所『貿易と産業』(2000 年春季号) を加藤一部修正。

て，① の発電，② の送電，④ の配電が分離されることになる。この段階が，図表中の (b) の形である。

こらがさらに進むと，発電事業者から電力流通設備会社を通じて，第三者が需要家に電気を送るという形態，すなわち図表中の (c) の形となる。この形においては，T字の部分は送電と配電の設備のみとなる。アメリカのカリフォルニア州のように，発電事業者と電力流通設備会社は完全に分離され，さらに営業部門であったところも小売りサービス会社として独立する[8)]。

こうして，送配電設備を通る実際の電気のフローと，電気の取引のフローが分離される。流通設備はコモンキャリアとみなされ，電気の価格は多様化していく。これによって，競争力のある電気サービス会社を目指し，地域を隔てた発電会社と配電会社とが資本提携するような再編も始まる。この段階においては，分離独立した会社がそれぞれBPOないしe-BPOに取り組んで，会社間の取引は後述する電力e-コマース市場と通じて行うようになる。「電力ビッグバン」の到来である。

【電力商品化の時代】

このような自由化の流れは，電力を商品として取引対象になるものと捉える認識に立っている。発電所をもたなくとも，誰でも電力取引ができるという考え方である。電力が商品として市場に出回るようになれば，その市場の動きによって価格である電気料金が上下することになる。③の卸供給の部分では，金，大豆や原油などの商品取引と同様に，電力も市場の中で取引されるようになる。電力需要が逼迫する夏は取引価格が上がり，逆に，需要が少なくなる季節には価格は下がる。時間帯によっても左右されるようになる。こうした電力自由化は，電力の価値を料金ではなく，価格に変える。

図表中の(c)の形においては最終ユーザーの意向が重要となり，⑤の小売りが主戦場になる。そして，将来的には電力会社，水道事業，ガス事業すべてをまとめて最終ユーザーに提供する「総合サービス会社」に発展していくであろう。その会社は，金融や流通に関する機能をも包摂した会社になる。「電力ビッグバン」というと，電力業界からはともすればアレルギー反応が出てくる傾向があるが，このようなビジネスモデルの発展として積極的に捉えるべきであろう。

この(c)の形においては，電力の市場取引を行う“場”の整備が必要となる。そこにインターネットが取引手段として広範に取り入れられる。

電力の「ネット・トレーディング」の実現である。

欧米の電力市場の形態を見ると，① プール制と呼ばれるものと，② OTC（Over The Counter）と呼ばれる店頭市場の 2 つがある。このうち，① のプール制は，発電量のうち一定の割合を法律によって決められたプール市場を通じて取引する仕組みである。売り手は，いかなる量でもすべてプールに売ればよく，買い手はどんな量でもプールから購入することができる。プール制のもとでは，売り手も買い手もそれぞれの取引相手はプール市場＝取引所である。

① のプール制を採用する場合の留意点は，もしそれが強制という形をとるのであれば，取引に参加する大口需要家などに対して参加するインセンティブの付与がなければ，市場での取引が活発化しないということである。イギリスの強制プール制はこのためうまくいかず 2001 年 3 月制度改正された。

これに対して，② の店頭市場は e-コマースを取り入れ，プール以外の好条件で電力の売買取引を成立させることを可能とする。この場合の取引は，取引市場を介するのではなく，売り手と買い手との直接取引である。

アメリカでは，エンロン社の「エンロン・オンライン」は電力を含む 1,200 商品を取り扱い，1 日当たり 15～20 億ドルの取引がある。また電力に特化したものとして，カリフォルニアを含む 4 つのプール市場のほか，Altranet. com，オートメイティッド・パワー・エクスチェンジ（APX），EnerMetrix. com，Houston Street. com などの電力 e-コマース市場が登場している。シンクタンクであるフォレスタ・リサーチによれば，その規模は 2000 年には 10 億ドルを超え，5 年以内には 1,000 億ドルにまで達すると推定されている。すでに伊藤忠商事は APX と合弁会社を設立し，日本においても取引市場を開設する予定である。

電力自由化に関しては，日本では 2000 年 3 月に電力小売りの部分自由化が行われたばかりの段階にある。しかし，2003 年には見直しが行われることとなっており，世界的な自由化のトレンドからすれば，このような将来像を展望した対応を現在から進めるべきであろう。

21世紀の医療サービスへ：「医療ビッグバン」は起こるのか？

【求められる医療ビッグバン】

“ビッグバン”が必要な大きな分野として，ほかに医療がある。医療の分野では，総額約30兆円もの医療費が使われているが，一向に医療サービスに対する国民の満足度が向上していない。「3時間待ちの3分診療」などの表現が，いまだに医療サービスの質の悪さを象徴する言葉として使われているというのが実態である。

ここ数年，医療制度改革についてここ数年活発な議論が展開されている。2001年1月からは，原則70歳以上の高齢患者の自己負担を，従来の定額負担から一定の上限の範囲内で1割の定率負担にすることなどを内容とする医療制度の改革が行われたが，抜本的な改革案をとりまとめ実現するまでには，なお紆余曲折が予想される状況にある。ここでは，将来行われる抜本的な医療制度改革を睨んで，まず「医療ビッグバン」を実現するための方途について述べ，次いで医療機関のビジネスモデルを変革の方向性について見ることとしよう。

まず概念を整理しておくと，「医療ビッグバン」とは，患者本位の医療，医療における情報公開，安心して受けられる効果の高い医療，納得できる価格の医療サービスといった一連の改革を行いつつ，医療サービス市場で医療機関同士が競争と陶汰にさらされることを意味している。俗にいわれているように，外国の医療機関，資本が日本に入ってくるという単純なことではない。

そもそも医療のあり方を考えると，“サービス”という視点が必須であり，その視点から国民が求める医療サービスを提供する体制をつくりあげる必要がある。従来の医療にはこの基本的な視点が欠けている。従来の医療は，1億人の国民に提供できる医療の量を確保するとともに，医療へのフリーアクセルを保証することであった。人口構成が若く，疾病の大半が結核などの感染症や心臓病，脳卒中などの慢性疾患であった時代においては，このことはまさに国民が求めるものであったことは疑いない。

しかし，日本の経済社会の構造は大きく変化している。一般的にみると，国民の生活水準は世界最高水準になり，国際的なキャッチアップは終了する一方，少子高齢化社会が本格的に到来しています。もはや量の充足と勤労者である国民を対象にした環境の整備がアプリオリに行政の目標とはいえなくなっている。

医療についていえば，国民皆保険とフリーアクセスを維持しつつも，国民が医療サービスを選択できる環境を整備し，質とコストを重視する医療サービスを提供できる体制を構築することが必要になっている。人口構成も大きく変化し，疾病も感染症や慢性疾患よりも老人退行性疾患が多くなっている。

21 世紀の医療サービスを実現するためには，次のポイントを踏まえる必要がある。

❶　社会経済環境が大きく変化しているなかで，現行の医療システムはもはや環境変化に対応できなくなっており，「医療ビッグバン」とでもいうべき抜本的な改革が必要となっている。

現行の医療システムは，1958 年の診療報酬体系の大改正，61 年の国民健康保険法の改正による国民皆保険の確立により出来上がったもので，医療の量の確保とフリーアクセルの保証を目標にしたものである。私はこれを「医療の 1960 年体制」と呼んでいるが，この「医療の 1960 年体制」がもはや有効に機能していないことは，

① 医療機関においては，厳しい経営状況。また，今の仕組みでは，効率化，質の向上に対するインセンティブが働きにくく，また，医療従事者にもしわ寄せがある状況，
② 支払い機関である保険者サイド（健康保険組合）も厳しい財政状況。また，公的保険の保険者という立場からその活動にも多くの制約が存在。自主的な活動もわずか。組合員のエージェントとしての機能が果たせていない，

③　医療保険制度の重要なシステムでもある診療報酬体系にも問題が存在。全国一律の公定価格のもとで出来高払いの支払制度，混合診療も禁止，また，技術料・キャピタルコストなども適切に評価されない状況。さらに，薬価差益，新薬シフトなどの問題が指摘され対応してきているが，なかなか効果が上がらない状況，そして何よりも，

④　国民サイドにおいては，医療サービスに対する十分な情報も与えられず，自ら選択できない状況のもとで，提供される医療に甘受し，情報を自ら得ようとする姿勢も弱い。また，国民皆保険とフリーアクセスの確保のもと，安易に医療に頼るマインドも存在，などを見ても明らかであると言わざるをえない，

などから明らかである。

従来の医療をめぐる議論においては，国民医療費の増大自体に議論が向きがちであるが，必ずしも，約 30 兆円の国民医療費自体が問題とは言えない。本当に必要な医療サービスに国として資源を割り当てることはむしろ当然であるし，医療は GDP をうみだし 300 万人以上の雇用を吸収し，各種の新しいサービスや医療技術・遺伝子工学の革新を創造する場であるともいえる。むしろ問題は，約 30 兆円の巨大な資源を割り当てながら，医療の関係するプレーヤーのいずれもがそれぞれ多くの問題を抱え，現状には満足していないという事態である。

経済学で「制度的補完性」ということがいわれる。1 つの制度を構成するサブシステムはそれぞれが相互補完関係にあり，サブシステムごとに改革しようと思っても他のサブシステムとの関係が生ずることから，そのサブシステム自体がうまくいかないという状況を表現している。現在の医療システム改革の方向性を見出すには，この制度的補完性を十分考慮に入れなければならない。1 つ 1 つのサブシステムの改革を積み上げるよりも，「医療ビッグバン」とでもいうべきシステム全体に及ぶ抜本的な改革が必要となっている。

❷　「医療ビッグバン」を実行に移すうえでは，“サービス”という視点が必須であり，その視点から国民が求める医療サービスを提供する体制

をつくりあげる必要がある。

“サービス”という視点の原点は，国民にある。21世紀において，国民が医療に求めるのは，国民皆保険とフリーアクセスを維持しつつも，国民が医療サービスを選択できる環境を整備し，質とコストを重視する医療サービスを提供できる体制を構築することであると考えられる。

この場合，ヒューマンウェアとしての医療と市場原理の調和が必要となる。市場原理というと，病院への企業参入等の規制緩和を思い浮かべる人が多いであろう。それも1つの側面であるが，これは医療を営利の場にしようというのではなく，市場原理の利点を有効に活用して，国民に多様な選択肢を提供しようというもっと広い機能を指している。市場原理の最大の利点は，ユーザーに多様な選択肢を提供することを可能にするということである。その利点をフルに活用すべきである。

このことはヒューマンウェアとしての医療の特性を無視しようというのではけっしてない。むしろその特性を重要視しながら，その枠の中で市場原理の利点を有効に活用しようというのがこれから望まれる立場であろう。国際的に見ても，“サービス”という視点から国民が求める医療サービスを提供する体制をつくりあげることは世界の潮流になってる。

アメリカでは，市場原理を取り入れた「マネージドケア」が発展しており，イギリスでもサッチャー政権下で行われたNHS改革では，コミュニティ・サービスの考え方が導入されている。ドイツでも1980年代末から90年代にかけて一連の医療の構造改革立法が制定され，包括支払い制度，疾病金庫間の競争等が導入されたが，その基礎には国民が求める質の高いサービスを効率的に提供しようという考え方がある。

国際標準という観点で見ても，ISO9000シリーズや14000シリーズを医療にも適用しようという動きが顕著になってきている。これも顧客満足度を重視する“サービス”の発想である。こうしたなかで，医療サービスも他のサービス産業と同様に，世界レベルの「大競争」の時代に突入していくであろう。

❸ 以上のような医療制度改革を行っていくうえにおいては，次のよう

な21世紀の医療への中長期的展望を踏まえる必要がある。

① 医療の透明性がより求められるとともに，医療がプロのものから患者や生活者のものに変貌する。

インフォームド・コンセント，セカンド・オピニオン，カルテの情報開示等医療の透明性を求める動きは，今後一般化する。それとともに，医療が医者などのプロのものから患者や生活者のものであるとの意識が流布していく。アメリカでは1991年に「患者の自己決定法」が成立して，これによりインフォームド・コンセントが制度化されたが，すでに“医者の基準”（professional standard）から“患者の基準”（patient standard）への転換ということがいわれている。

② 医療を人間の内部のみに目を向けるのではなく，人間と環境との関係にも目を向ける必要がでてくる。病気は生物学的特性や遺伝子によってのみ引き起こされるのではなく，生活習慣病や高齢者ケアなどに見られるように，人間と環境との関係も重要なファクターとして意識されることになる。この段階では，健康・医療・福祉の連携を超えて，“医療・環境モデル”（medical-ecological model）とでもいう考え方が求められる。

③ 21世紀に予測されるバイオテクノロジーや遺伝子工学の飛躍的な発達によって，それらの成果を医療にも活用するため，医療技術政策が重要になってくる。特に遺伝子工学は，ヒトゲノム解析が急速に進んでおり，次にはその機能解明，タンパク質の合成などに移っていく。

そうなると遺伝子治療としては，「オーダーメイド医療」と「ゲノム創薬」が可能となる。「オーダーメイド医療」とは，癌（がん）にかかりやすい人とかかりにくい人，薬で副作用を起こしやすい人とそうでない人……など，人間の体質に合わせて適切な薬を適切な量だけ投与するものである。また「ゲノム創薬」は，遺伝子から病気に関連する部分を見つけ出し，それを標的にして治療薬を開発するもので，「オーダーメイド医療」と連携して発展していく。

【医療制度改革のメニュー】

以上のポイントを踏まえ，次に示すような医療制度改革を果敢に実行に移していくべきであろう。

❶　医療サービス評価システムの構築

• 保険者による評価システム

保険者は，レセプト情報，被保険者からの情報などを得ることが可能であり，また蓄積することが可能であることから，これらの情報から医療機関等の評価を行い被保険者に適切な情報を還元していくことが必要である。

• 利用者サイドによる評価システム

評価には単一の絶対的な指標があるわけではないことから，多様な第三者の評価主体が多面的に評価を行っていくことが必要である。また，レセプトやカルテの本人への情報開示も進みつつあることから，利用者も自ら積極的に情報を集め，さらに，第三者による評価を利用して，自己の責任で医療の質を評価していくことも必要である。

• 広告規制のあり方

評価システムが機能していくためにも，現行の広告規制は原則撤廃するべきである。

❷　保険者機能の見直し

• 利用者のエージェントとしての保険者

被保険者１人１人では医療情報を収集，理解することは困難であることから，保険者が，その代理の役割を果たすべきである。

• 保険者の自立性の確保

保険者の自立性の確保のために，フリーアクセスを確保したうえで保険者が医療機関を選好すること，レセプトチェックを主体的に行うこと，合併等により財政基盤を強化すること，保険者の自由度を拡大していくこと，などが必要である。

• 民間主体の保険者への参入

保険者の力が強くなりすぎることは避けながらも，保険者機能にも民間主体が参入することを認め，保険者間に競争を持ち込むことが必要である。

❸　情報ネットワーク化の推進

・標準化の促進

レセプト，電子カルテなどの情報化の進展のためにも，国際分類を取り入れるなど標準化が必要である。

・情報化のインセンティブ

医療における情報化，ネットワーク化の推進のために，インセンティブを与える仕組みの導入，義務化，税制や融資での支援などの措置が必要である。

・情報化のための規制緩和，規程等の整備

電子カルテの普及のためにためにカルテのデジタルでの保存を認める，遠隔医療等の普及のために混合診療を認めるなどの規制緩和，規程の整備等が必要である。

・今後情報ネットワーク化を進めるべき分野

今後，特に，医療機関と保険者を結ぶネットワーク化，医療機関内部，医療機関間での情報化・ネットワーク化，遠隔医療を促進することが必要である。

❹　医療サービス提供体制の見直し

・診療報酬の支払方法の変更

医療機関における効率性の向上等を目的として，診療報酬体系においても，診療の形態に合わせてコストを適切に反映し，効率化のインセンティブを働かせる観点から，「疾患別定額支払制度」（DRG/PPS）の導入も行うべきである。ちなみにDRGとは，国際疾病分類（ICD）で1万以上ある病名を，患者に施した治療の内容によって500程度のグループに分類する方法のことであり，DRG/PPSはそのDRGに基づいた定額払いの診療報酬支払方法のことである。また，患者の選択肢の拡大のためにも混合診療も認めるべきである。

・サービス提供者の多様化

多様な主体によるサービス提供をしていく観点から，評価システム，診療報酬体系を整備したうえで，医療への民間参入禁止の規制，病床数規制を緩和・撤廃する必要である。

❺　健康・医療・福祉の連携とサービスの複合化

• 全人的ケアの必要性の高まりにより，従来の健康・医療・福祉の縦割りサービスではなく，緊密に連携して複合的にサービスを提供していくことが重要である。そのためには，民間主体が3分野すべてにわたる一体的・包括的なヘルスケアサービスを提供できるような制度改革が必要である。

【医療機関の新しいビジネスモデル】

「医療ビッグバン」を推進するためには，このような医療制度改革と同時並行的に医療機関のビジネスモデルを変革していくことが必要である。

図表 5-7①は，現在の医療ビジネスモデルを図解したものである。縦軸に，予防（Prevent），治療（Cure），アフターケア（Care）というライフサイクルをとり，横軸に，医療サービスが患者に提供されるまでのヴァリューチェーンをとっている。

この現在の医療ビジネスモデルでは，一般的な病院が治療サービスの大部分を垂直統合し，医療サービスのほとんど唯一の提供主体となっている。予防，治療，アフターケア・介護に関しては，いくつかの補完的なサービス提供主体が存在するものの，ユーザーニーズに合ったサービス・パッケージをつくりこむ主体は少ない。また，患者の立場に立ってサービスのとりそろえ，コンサルティングなどを行うエージェントも存在しない。

これに対して，将来実現すべき医療ビジネスモデルは**図表** 5-7②で示されるものである。この将来実現すべき医療ビジネスモデルでは，予防，治療，アフターケア・介護それぞれに関して木目細かなサービスを提供する主体が登場する。この段階においては，これらの多様なサービスを

図表 5-7　医療のビジネスモデルの変化

① 現在のヘルスケア業界構造

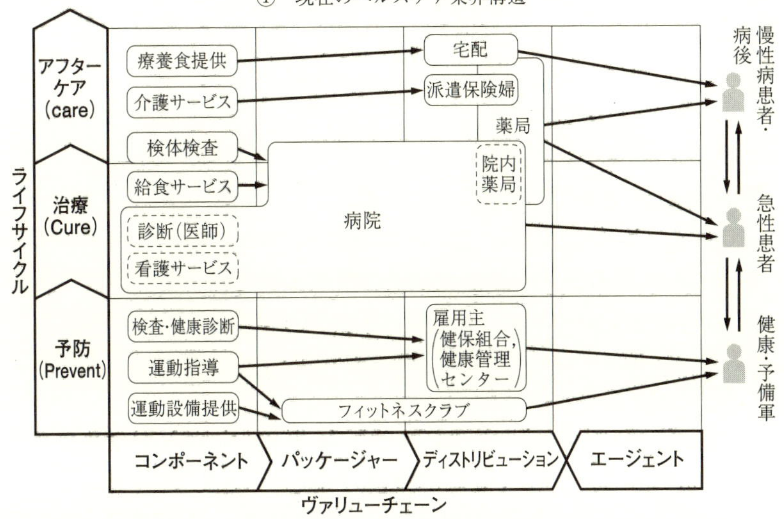

② 将来のヘルスケア業界構造

（将来のイメージ）

アフターケア (care)
治療 (Cure)
予防 (Prevent)
ライフサイクル
—療養食提供
—介護サービス
—コミュニティサービス
—検体検査
—給食サービス
—アドミサービス
—専門医
—看護婦・一般医
—検査・健康診断
—運動指導
—運動設備提供
—健康情報サービス
介護プログラム
長期療養型病院
総合病院
××病専門病院
職場指導サービス
禁煙パッケージ
生活習慣改善パッケージ
フィットネスクラブ
宅配
派遣保険婦
ケアセンター
薬局
通信
雇用主（健保組合，健康管理センター）
かかりつけ医
日本版管理医療組織
アドバイザリーサービス
慢性病患者・病後
急性患者
健康・予備軍
コンポーネント
パッケージャー
ディストリビューション
エージェント
ヴァリューチェーン

（資料）　1998 年通商産業省，慶應義塾大学・マッキンゼー調査。

束ねてサービスを提供するパッケージャー，サービスを実際に提供するディストリビューション，各種主体が提供するサービスやパッケージャーが提供するパッケージの品定め（評価）や個人的なアドバイスを行うエージェントなどのサービスが提供される。

このような医療ビジネスモデルを実現するためには，次の2つの課題に取り組まなければならない。

❶　医療技術の評価・標準化

このためには，まず，「個々の医療技術」についてそのテクノロジー・アセスメントを進める必要がある。例えば，バイパス手術，PTCAといった診療技術，個々の医薬品，MRIといった医療機器などを対象にして，臨床的な有効性と無効性に止まらず，経済的な効率性までを明らかにするものである。

次いで，特定の疾患に対して行われるさまざまな診療技術の総体ないし組み合わせというレベルでの取り組みを推進する必要がある。具体的には，例えば，糖尿病なら糖尿病，喘息なら喘息で，各診療化にまたがる技術をどう組み合わせて対応するの最適な成果をもたらすかを評価し，標準化していくという「証拠に基づいた医療」（EBM: Evidence-based Medicine）を推進する必要がある。これ以外にもアメリカの「マネージドケア」では，「疾病管理」（DM: Disease Management）と呼ばれる，予防的なケアを含めた疾病ごとの標準化の試みが進められている。

❷　医療サービスの評価・標準化

これにも2つの課題がある。1つ目は，入退院管理や在院日数の管理，看護の管理などについて，疾病ごとに，最も適切な検査，処置，入院，看護，退院などのパターンをつくりだし，標準化を図る必要がある。これは「クリティカル・パス」（Critical Path）という手法である。

もう1つは，病院管理全体の標準化である。こうしたものとしては，前述の医療サービスの第三者評価があげられが，ISO9000シリーズや14000シリーズを医療にも適用することもこの一環として捉えられる。

【e 化された医療機関のビジネスモデル】

これらのことが実現されると，前述したレセプト，電子カルテなどの情報化，医療機関と保険者を結ぶネットワーク化，医療機関内部，医療機関間での情報化・ネットワーク化，遠隔医療などの対応とあいまって，e 化された医療機関のビジネスモデルが登場してくるであろう。それは次のような特徴をもったものであろう。

- 病院のアウトソーシングの活発化
- 病院の機能分化，専門分化の進行
- 治療以外の予防，アフターケアに関する統合サービス提供者の出現
- 利用者の立場に立って各種の医療サービスのアドバイス，コンサルティングなどを行う医療エージェントの出現
- 医療サービスに対する第三者機関よる評価とインターネットによる評価情報の提供
- 多様な情報通信チャネルの出現

このような e 化された医療機関のビジネスモデルが登場する段階においては，ヘルスケアのポータル・サイトも登場してくるであろう。アメリカではインターネット医療情報サービスの「ウェブ MD」がすでにこのような機能を果たしている。1999 年に旧ヘルシオンと旧ウェブ MD が合併して誕生した同社は，一般向けの健康・医療情報の提供とい仕向けの専門情報・医療ソフトの提供を行っている。

「ウェブ MD」には，マイクロソフトやニューズ・コーポレーションなどが出資しているが，こうした有力企業が医療関連サービスに注目するのは，アメリカの一般の生活者が，1990 年代後半以降急速に医療サービスにインターネットを活用しはじめたからである。

日本においても，インターネットを介して医療情報サービスを入手したいというニーズが高くなっている。(財）日本情報処理開発協会が 2000 年 7 月にまとめた「個人ユーザーのネットワークサービス利用に関する調査報告」によると，インターネット利用者が最も利用したいサービス（複数回答可）は「病院・治療内容に関する情報サービス」で，

90.1％に上った。また，「病院の予約」や「福祉施設・介護に関する情報サービス」が80％程度あり，医療・福祉分野への関心が非常に高くなっている。

このようなニーズの高まりを反映して，日本でも医療サービスにインターネットを活用する動きが活発になるであろう。

行政のビッグバン：行政アウトソーシングは進むか？

【行政のビッグバンの展望】

以上，物流，電力，医療の各分野における“ビッグバン”について述べてきたが，残る大きな対象領域に行政がある。

日本では，バブル経済の崩壊後，国および地方自治体の歳入が低下を続ける一方で，公債発行残高が膨張を続けており，国および地方自治体の財政は困難な状況に追い込まれている。行財政改革は国および地方自治体にとって喫緊の課題であり，業務実施の効率化・低コスト化や組織・予算・業務の見直し，BPRの導入などを進める必要がある。その有力な手法として注目されるのが，行政アウトソーシングである。

現在アメリカでは行政アウトソーシングが広範に行われているが，その流れは，1960年代後半にP. ドラッカーが“reprivatize”（再民営化＝もともとは民間で行っていたが現在は行政によつて行われている事業を，再び民間によって行う）という言葉を使ったのが始まりではないかといわれている。すでに83年には，行政アウトソーシングを進めるためのガイドラインも発表している。

しかし，ここでは民営化に止まらず，資金は公共でもちながら民間主体への委託を進める事業の委託・アウトソーシングやPFI（Private Finance Initiative）をも行政アウトソーシングとして捉えることとする。図表5-8は，行政アウトソーシング（狭義），PFI，民営化の関係を整理したものである。

PFIについては，実施主体は民間，公共セクターは出来上がった公共財やサービスを契約に基づき長期間にわたり（20年から30年）購入す

図表 5-8　行政アウトソーシング，PFI と民営化の位置づけ

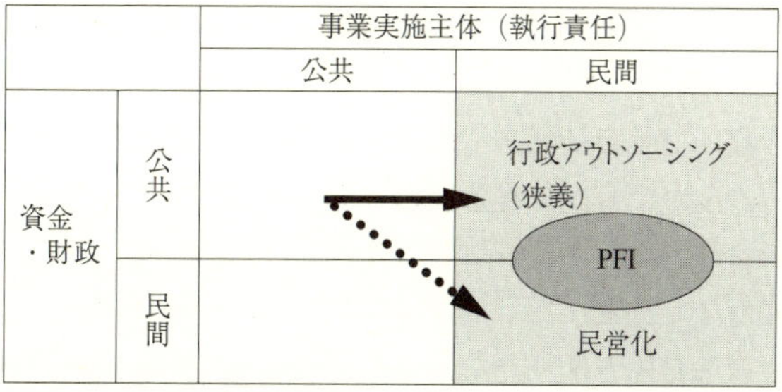

		事業実施主体（執行責任）	
		公共	民間
資金・財政	公共		行政アウトソーシング（狭義） PFI
	民間		PFI 民営化

（資料）　野村総合研究所作成。

るという方式であり，イギリスで発達した。日本でも 1999 年 9 月「民間資金等の活用による公共施設等の整備等の促進に関する法律」（PFI 推進法）が施行され，2000 年 3 月国の基本方針がだされた。

この PFI 推進法に基づく PFI のプロジェクトが具体化しつつある段階にあり，君津地域広域廃棄物処理事業，金町浄水場常用発電事業などが推進されている。PFI は 20 年から 30 年にわたり事業が継続するものが対象になるため，ゴミ処理や地方自治体が経営する病院などが適しているものと考えられる。

自治体病院に対する PFI の適用については，いまだ日本において実例は登場していないが，イギリスではすでに病院の非医療部門（給食，リネン，患者搬送，維持管理，警備など）に適用されている事例が 60 件近くある。自治体病院のかなりのものが恒常的赤字に悩んでいる実状にかんがみると，今後日本でも拡大していく余地が大きいものと考えられる。

行政アウトソーシングを進める目的は，行財政改革に止まらない。「そもそも，行政は誰のためにあるのか？」……。そう問いかけるところに，行政アウトソーシングの究極の姿がある。行政アウトソーシングの目的も，最終的には“住民満足度の向上”にある。それは行政も“サービス”と捉え，費用対効果を重視することである。このためには，

行政サービスのかかるコストを正確に把握し，そのコストの削減と，最終的には“住民満足度の向上”が図れるスキームを構築することが必要である。

まず，行政に企業会計手法を導入することが必要となる。ただし，企業会計手法のなかでも，現在各地方公共団体において取り組まれているのは，財務会計，それも貸借対照表の作成に止まっている。三重県，東京都，三鷹市など，進んだ自治体においてもこの段階である。

しかし，貸借対照表からわかることは限られている。負債残高や公共施設の減価償却額などを把握し，その地方公共団体全体での将来負担の大きさなどを見ることができる程度である。しかも，公共施設などについては，これまでの投資額などに関する正確な記録もなく，残高の設定や償却方法についてもさまざまな考え方があり，評価が難しい。結局，住民向けにわかりやすいフォーマットで会計情報を提供しただけに止まるケースが多い。

企業会計手法で重要なのは，むしろ管理会計である。貸借対照表，損益計算書は「外部報告会計」と呼ばれ，投資家に対して財務活動や利益処分に関する報告を行うものである。一方，こうした外部の投資家向けではなく，予算，計画，原価などの管理のための「内部会計」として管理会計がある。

管理会計は，新しい官民の役割分担にあたって不可欠の道具立てである。この場合，官民のコスト比較を行うことになるが，民間のコストに対応する官のコスト（PSC: Public Sector Comparator）がこれまで正確に把握されてこなかった。これまでの行政では，例えば公共施設を整備するためのコストは，設計費や資材購入費，建設費などの直接経費のみを指し，その事業にかかわった職員の人件費や庁舎の光熱費，管理費などの間接費は含めれていない。管理会計は，このような間接費も含めた事業のトータル・コストを算出するための手法である。

行政の管理会計手法としては，**5**-4 で説明したシェアード・サービス・センターに対して適応される ABC（Activity Based Costing）分析と業務評価指標によるベンチマーキングを応用することが考えられる。すなわち，ABC分析により，行政各組織における経営資源を，一定の配賦基準（資源ドライバー）によって業務活動別に配賦し，業務活動別の単価を算出する。次に，この単価に件数などの数量（コストドライバー）を乗じることによって，コスト計算対象別に配賦を行い，業務成果物ごとにコストを集計する。

これに業務評価基準を結合させ，他の類似の例から得られる最も優れたベスト・プラクティスによる分析結果から，目標値を設定する。この目標値と現状がどの程度乖離しているかを測定し，乖離を次第に小さくすることによってベンチマーキングしていく。

業績評価基準としては，適宜“住民満足度の向上”の観点からの指標も加えるべきである。この点の試みは，今のところほとんど手がつけられていないが，川崎市の住民満足度調査は，行政評価のなかで活用することを想定し，川崎市の総合計画の体系のなかで，104項目からなる施策の方向にほぼ対応した項目について，各項目の重要度に合わせて住民満足度を調査したものである。集計は，区別にも行っており，市内の地域差の分析も可能となっている。

行政アウトソーシングの具体例を，行政アウトソーシングが最も進んでいると考えられる三重県をケースとして取り上げてみてみよう。三重県が行政アウトソーシングを行う場合の基準としては，次の6つがある。

- 公共関与の基準：事業の公益性，公共部門が実施する必要性，民間に任せられるかどうかの検討
- 役割の分担基準：国による実施の可能性・必要性，市町村による実施の可能性・必要性，県による実施の可能性・必要性
- 組織部門の基準：どの組織で実施するのが効率的か
- 民営化・外部委託化の基準：県の関与のあり方（直営，民営化・外部委託化）
- 効率性の基準：当該事業を行う場合の効果（生活者起点の観点からの事業展開か，費用対効果，事業効果の継続性の検討）

• 費用負担の基準：財政制約のもとにおける資金手当ての有無，他事業も含めた資金配分の考え方

この6つの基準の結果，県が関与すべき内容で，かつ，実施部分は民間に任せた方が適切と判断された事業について，行政アウトソーシングの対象となる。1998年度は，このような検討を行った結果，次の業務が行政アウトソーシングの検討対象となり，このうち合計30の業務について，行政アウトソーシングが行われた。

• 現業業務（守衛業務，公用車運転業務，給食業務など）
• 定型的業務（マニュアル化などにより，誰が行っても同じ結果が得られると判断されるもの。資料の貸出し・情報提供業務，電算入力業務など）
• 施設管理・運営業務（中央卸売市場，図書館，美術館などの施設）
• 試験研究・検査業務（農業技術センター，工業技術センターなどが行う検査や試験・分析など）
• その他の業務（イベント，講演会・研修会，啓発事業など）

今後行政アウトソーシングの対象として有望な分野としては，次のような分野が考えられる。具体的事業をモデルとして実施し，それを拡大していくことが必要であろう。

① ITの管理運営

これまで庁内LANなどの構築にあたっては民間にアウトソーシングしてきたが，運営は庁内で実施していることが多い。今後ASPが発展してくるのに合わせて，行政においてもITアウトソーシングやASPを活用することが進むであろう。

② ライフサイクルコストを導入した施設の維持管理

インフラや施設の建設，管理にあたって設計・施工の一体受注を可能にすること，長期間にわたる維持管理の委託を可能にするなどの制度変更が進めば，ライフサイクルコストの考え方を導入した施設のアウトソーシングが発展すると考えられる。

③ 窓口業務の一括管理

行政の窓口業務は各部局に細分化されている。この細分化をそのまま

にしてアウトソーシングしても大きな効果は期待しにくい。民間側からBPRの活用も含めて提案をしていく分野である。

④　福祉分野アウトソーシング

2000年4月から介護保険制度がスタートしているが，市町村にかかる事務負担はかなりのものがある。今後訪問調査，ケアプランの作成，コンピュータの入力，特別養護老人ホームの運営などで行政アウトソーシングが進む可能性がある。

⑤　庁舎・施設の省エネルギー

民間ではビルなどの省エネルギーを一括して受注するESCO（Energy Service Company）がビジネスを展開しているが，地方公共団体，国などの庁舎・施設の省エネルギーを推進するうえで，ESCOの手法を積極的に導入して行政アウトソーシングが進む可能性がある。

【電子政府の意味するもの】

最近提唱されている電子政府の動きも，こうした行政の仕組み自体を転換させる行政アウトソーシングの一環として捉えらえられるべきであろう。

電子政府とは，行政内部や行政と国民との間で，書類ベースあるいは対面ベースで行われている業務をオンライン化し，インターネットを通じて情報を瞬時に共有・活用する新たな行政を実現するもので，次の3つをねらいとしている。

①　行政サービスの向上（申請・届出などの手続きのオンライン化，ワンストップ・サービス化，政府調達のオンライン化など）

②　行政の透明化（行政情報の電子的提供，行政へのパブリック・コメントなど）

③　行政の簡素化・効率化（事務処理のペーパーレス化，情報のデータベース化など）

この電子政府の考え方は，1999年に日本の産業再生に向けた「ミレニアム・プロジェクト」の1つとして取り上げられ，2000年12月の

「IT 基本戦略」においても，「2003 年度には，電子情報を紙情報と同等に扱う行政を実現」することが目標として掲げられた。

具体的には，2003 年度までに電子政府を実現するため，すべての地方自治体の総合行政ネットワークの相互接続を完成させる，国が提供するすべての行政手続きをインターネット経由で可能にする，それらを住民基本台帳ネットワークを接続するなどの方策が実施される。総務省は，2001 年度から 3 年計画で，全国 5 から 6 の自治体でモデル事業を始めるほか，民間企業と組んでシステム開発の実験にも着手する9)。

ここで重要なのは，電子政府を実現するための規制・制度改革を同時並行的に実施することである。行政の仕組みの転換が伴わない電子政府は，単なるネットワークの整備だけになってしまい，その効果は大きく減殺される。「IT 基本戦略」においては，2001 年度中に，書類の削減・標準化を進め，インターネットを通じた行政が可能となるよう法令の見直しを行うことが提言されているが，それに加えて，前述した PFI の積極的推進，行政への管理会計手法の導入，行政アウトソーシングを行う場合の基準の明確化などに取り組む必要がある。

（注）

1) 『日本経済新聞』2001 年 1 月 17 日，1 面。

2) アメリカでは，M&A にあたり買収企業の株式を対価とする株式交換だけでなく，被買収企業を対象とするトラッキング・ストック（TS）の導入が進んでいる。この場合は，被買収企業の株主は継続して既投資対象事業の価値に連動した株式を共有することになり，株式交換がさらに円滑に進むことが期待される。

3) 『日本経済新聞』2001 年 1 月 18 日，5 面。

4) 太田肇［2001］『ベンチャー企業の「仕事」：脱日本的雇用の理想と現実』（中公新書）は，一般的に言われている日本的雇用慣行は，職能資格制度が確立された 1980 年代に形成されたものであり，80 年代以前には個人の能力を尊重し，職場レベルでの改良型の開発や斬新的な革新が行われる「草の根的な個人主義」が存在したことを明らかにしている。ここで述べている「キャリア・セルフ・リライアンス」は80年代以前の「草の根的な個人主義」を新しい形で甦らせるものである。

5)　Steve Player & David Keyes, “Activity Based Management *Arthur Andersen's Lessons from the ABM Battlefield”, A Mastermedia Book,New York.

6)　『日本経済新聞』2001年1月22日，1面。

7)　石油元売り最大手の日石三菱は，燃料電池を使った家庭用発電システムを2004年を目途に市場に対して本格投入することを発表している(2001年1月4日『読売新聞』朝刊2面)。

8)　カリフォルニア州においては，1998年から自由化が行われたが，2000年夏と2001年冬に深刻な電力供給不足や電力会社の経営危機が発生した。その原因は，自由化の際の政治的な妥協によって，小売料金が固定されて卸売価格の上昇分を小売価格に転化できなかったことや，予備電力に制限が設けられていたり，先物市場が規制されていたりするなどの制約があったためであり，自由化そのものが不適当というわけではない。

現に，(c) の段階の自由化は北欧4カ国が行っており，ここではかなりな効果を上げている。アメリカでもワシントンDCを含む25州が自由化計画を進めており，カリフォルニア州の“失敗”を教訓に健全な競争市場を気づこうという雰囲気が強い（『日経産業新聞』2001年1月22日，1面)。経済産業省は，電力のみならずガスについても (c) の段階の自由化を検討している。

9)　『日本経済新聞』2000年12月6日，朝刊1面。

6　日本型 e-BPO の時代はくるか？

以上，前章においては「日本で進むか？　e-BPO」をテーマとして論じてきた。現在は，まさに e-BPO が進むか否かの“潮目の転換点”にあり，最大の課題である労働の流動性の確保の点についても，解決のために１つの方向性が見えている。

シェアード・サービスを突破口にすれば，「アウトソーシング・ビッグバン」への“クリティカル・マス”（しきい値）を演出することもできるであろう。物流，電力，医療，行政などの分野における変革が“秒読み”の段階に入りつつあり，これが「アウトソーシング・ビッグバン」を加速すると考えられる。

これらを踏まえ，以下本章においては「日本型 e-BPO」の展望について総括してみよう。

6-1　待ったなし！　日本企業のビジネスモデル転換

大転換を求められる日本の大企業

今，日本の大企業は 100 年に１度程度の“大転換”に迫られている。それは，企業のあり方そのものが根本的な見直しを迫られているからである。

ここ 10 年を振り返ると，1990 年代から「大競争」の時代が始まった。そこにおいては世界単一市場が登場し，いわゆるグローバルスタンダードが登場している。グローバルスタンダードへの適応は，日本においても 90 年代後半から加速化されており，金融，情報通信の分野のみならず，時価会計主義の導入，連結決算など会計原則の変更などを通じてすべての企業に行き渡っている。このような状況のもとにおいては，大企業といえども自社のコアコンピタンスをどこに求めるか，どこで生き残るか，必死に考えなければいけなくなる。

そうなると，どの部門で世界最強になれるかを徹底して考える人材が必要になる。ところが，今までの年功序列人事の下で業績にかかわらず同じ給料をもらってきた既存の人材にそのことを期待することはできない。そうなると，大企業としては，正社員の割合を少なくして，必要に応じて専門的な能力をもつ人をマーケットから調達したり，人材派遣会社から派遣してもらうなど，人材のアウトソーシングを進めざるをえない。

また，徹底したコスト管理が必要となることから，給料，情報システム管理，福利厚生などコスト構造の合理化を図るため，これらの機能をアウトソーシングする動きも活発化するものと考えられる。その結果，専門家，人材派遣で来た人，パートタイムなど，多様な人々が１つの会社で働くようになり，企業構造はかなり異質のものになる。今までは一枚岩で運命共同体であったものが，多様な専門分野に分かれた人材がモザイク状に会社を構成するようになる。

このようなベクトルが働き，21 世紀に向けて企業という存在は，まず企業があり企業維持のために仕事をつくる「ハコ型企業」ではなく，まず個人という存在があり，個人が行いたい仕事に合わせて知的資本の投下の場としての企業をつくる「タスク型企業」という形態をとるようになるであろう。「タスク型企業」は，e-BPO を積極的に導入し，事業の遂行に併せて企業外部と柔軟なネットワークを組むようになる。その過程でさまざまなアライアンスが行われるであろう。このような意味で 21 世紀型企業の組織は，従来のヒエラルヒー型組織からネットワーク型組織へと大きく転換していく。それとともに組織内の意思決定も集権型から分散型へと変わることになる。

こうして「タスク型企業」は，「ヴァーチャル・カンパニー」と呼ばれる形態へと変貌していくであろう。この段階においては，ナレッジワーカーが知識を創造するようになり，企業はナレッジワーカーの活躍の場を提供する“プラットフォーム”として機能するようになる。

e-BPO のモデルケース：通信販売でのセールス業務

このことを具体的に描写するため，架空のエピソードを創作してみよう。これは，e-BPO を積極的に導入したある通信販売でのセールス業務のケースである。

＊　＊

このケースは，通信販売の顧客が電話をかけるところから始まる。電話が鳴ると，コンピュータが自動的に作動して，その電話をかけたのが誰なのか，その人とこれまでに取引があったのかどうかをチェックする。もしあれば，その顧客の記録にアクセスして，年齢，収入，過去の購入品目，信用実績，家族の年齢と誕生日，好みや購入した感想，クレジットカードの番号などを調べあげる。そして，これらの情報が以前にこの顧客に対応したセールス担当者のところに回される。それまでに取引したことのない顧客だった場合，コンピュータがその電話番号の正確な住所を把握して，オンラン・マーケティグのデータベースにアクセスして，予想される収入や年齢，ライフスタイルを割り出す。1,000 分の 1 秒かでこれが行われた後，セールス担当者であるが受話器を取り上げる。

「はい，アパレル・セールス社です。ご用を承りますが？」

「ええっと，そちらのカタログに載っているコートを注文したいんですが」

「まあ，鈴木様ですね。私，田中さゆりです。去年電話をいただいたとき，担当させていただきました。まもなく奥様の誕生日，7 月 7 日が参りますね。去年，レーザーのベストをお求め下さいましたね。奥様は気に入っていただけましたでしょうか？」

「気に入ってくれたよ。だが，どうしてそんなことまで覚えているんだい？」

「私どもでは，お客様との親密なお付き合いをモットーとしております。お客様と私どもは家族みたいに考えております」

「ほう…… さて，25ページに赤いコートが載ってるね，模造ダイヤのボタンのついた……」

「これは特に人気商品の1つなんです，鈴木様。在庫がなくなってしまって，申し訳ないのですが，7月7日まで入荷しそうにありません。奥様の誕生日には間に合いませんね」

「なーんだ」。鈴木氏はいう。「もっと早く電話すればよかったな」

「ですが，ちょっとお待ち下さい。何か他にいいものがあると思います」

さゆりが素早くこれまでの購入品のファイルに目を通すと，鈴木氏の妻は夫よりも高級ブランド品を買う傾向が強いことや去年の誕生日にレザーのアンサンブルを買っていることがわかる。さゆりは，急いで新製品のファイルにアクセスし，赤いレザー・ジャケットを探す。

「鈴木様，いいものを見つけました。去年買い求めいただいたレーザーのベストに合う，きれいな赤いレザー・ジャケットがあるんです。模造ダイヤのコートに1万円お足し下さるだけでいいんです。奥様がお気に召されること，請け合いです」

「本当にそれがいいと思うかい？ 誕生日まであと2週間しかないけど，今年は何か素敵なものにしたいと思って。まあ，たぶん家内は模造ダイヤのコートは気に入らないだろうし，彼女，つねづね僕の趣味は救いがたいほど野暮ったいといっててね」

「これで奥様のお考えが変わりますわ。こうしてはどうでしょう？ このコートを明日到着でお送りします。手数料なしで」さゆりは，取引成立に結びつくとか金銭的に引き合うと考えた場合，商品を送付する権限を与えられている。「それをご覧になり，奥様ともご相談下さい。もしお気に召されませんでしたら，明日お電話下さい。お引き取りいたします，無料で。そして他のものを探してみます」

鈴木氏は感じ入り，「じゃー，そうしよう」と返答する。

「私もよかったですわ」。さゆりは，顧客の力になれるこのようなひとときをいつも楽しんでいる。「お支払いはどうされますか。この前と同じようにクレジットカードでお支払いになりますか？」

「そうしてください」と鈴木氏はいう。

「わかりました。後の書類はこちらで処理いたします。鈴木様，また何かお入り用のものとか，ご質問がありましたら，ご連絡下さい。喜んでお役に立てさせていただきます」

「ありがとう，また来年もお願いするよ！」そういって鈴木氏は電話を切る。

さゆりの勤務するアパレル・セールス社では，在宅勤務の電話セールスの方が30％も生産性が高いことがわかっているため，さゆりは毎日2時間の通勤時間を節約でき，自分の時間や家族と過ごす時間がふえている。

また，このケースでは，さゆりは1つの企業体として機能している。販売にかかった経費を引いた後の，さゆりが会社にもたらした利益をコンピュータが計算して割り出す。彼女は報酬として事前に会社との契約で決めたその何割かを得，自分がいいと思う年金にその何割かを回す。さゆりは，独立して事業をやっていては，こうはいかないと思っている。

加速する要因：「トータル・コンペンセーション」へ

現に1990年代のアメリカ産業社会においては，このような大企業の“プラットフォーム”化が進んでいる。アメリカ企業は，「大競争」に対応した雇用調整と「トータル・コンペンセーション」により，従業員の給与，福利厚生等のすべてについて面倒をみる存在から，従業員に対して資本，会計等の制度，情報等を提供するプラットフォームとしての性格を強めてきた。

「トータル・コンペンセーション」とは，1980年代後半以降アメリカ企業で広範に取り入れられた考え方で，報酬とベネフィット（年金コストと医療コスト）も含めた，社員に対して発生するすべてのコストを，企業が社員に対して支払う報酬として捉え直すものである。

報酬面に関しては，学歴・職歴や資格・技能に対して支払う部分（基本給）と成果に対して支払われるインセンティブ部分（年次ボーナスと長期インセンティブ）を明確に区分することを特徴としている。これは，報酬に対する既得権意識を駆逐し，成果に応じた報酬の提供を明示化することにより，年功型の報酬システムからインセンティブ型の報酬システムへの移行を目指すものである。

また，ベネフィットを含めたすべてのコストを「トータル・コンペンセーション」として企業が事前に提示し，従業員はその「トータル・コンペンセーション」の配分を自らの選択によって再調整するシステムである。

ベネフィットに関して，従業員が選択できる制度を「フレックス・プラン」と呼んでいる。例えば，若くて健康で今を楽しみたい従業員の場合は，アメリカの年金コストである確定拠出型年金（法律の条項にちなんで「401(k)」と呼ばれる）の入金と「フレックス・プラン」の支払いを減額して，現金給与を増加させることになる。他方，中高年で家族が心配で老後を意識する従業員の場合は，401(k)入金とフレックス・プランの支払いを増額して，現金給与を減少させる。

アメリカでは人材派遣業の隆盛になっており，人材派遣業は企業に対して自ら出向いて専門的技能を提供している。これは“プラットフォーム”としての企業がナレッジワーカーに対して場を提供している形態である。しかも，アウトソーシングの進展に見られるように，プラットフォームとしての企業自体も人事，経理，情報システム管理，福利厚生などのプラットフォーム機能を外部にアウトソーシングするようになっている。

このことは，アメリカだけにとどまらず，「大競争」のもとで日本においても広がってきている。21世紀の日本経済においては，企業は従業員の給与，福利厚生等のすべてについて面倒をみる存在から，従業員に対して資本，会計，社会保障等の制度や知的所有権，情報等を提供する“プラットフォーム”としての性格を強めていく。

そうなると，企業の究極の姿は，従業員に対して資本，会計，社会保障等の制度や知的所有権，情報等を提供する“プラットフォーム”とその“プラットフォーム”を基盤として活動するナレッジワーカーにより構成される存在ということになる。

このような“プラットフォーム”とナレッジワーカーから構成される企業の統治（ガバナンス）は，社外取締役を入れた取締役会が行う。

従来の取締役は，会社の従業員である場合が圧倒的であったが，これからの経営は執行と統治とに分離され，執行は執行役員以下のナレッジワーカーに任せ，統治は知識創造活動全般を総括する者によって構成される新しい取締役会によって行われる。「ガバナンスとマネージメントの分離」と呼ばれるものである。

新しい取締役会は，世界的視点をもった人のほか，グローバルな場で次第に優位を発揮してくるローカル性を代表できる人，さらには消費者・生活者の視点をもった人などで構成されてくる。21 世紀においては，こうしたさまざまな人々の組み合わせを企業統治のレベルで実現できるかが課題となるであろう。

6-2　新しい日本企業モデル：従業員満足度の向上と企業業績の両立

ナレッジワーカーの自立が企業業績を高める！

このようなプラットフォームとしての企業のモデルは，ナレッジワーカーの従業員満足度（ES）を向上させるものといえるが，果たして，企業の業績にどのような影響を及ぼしているのであろうか？

この点に関しては，従業員満足度の向上と企業の業績とはトレード・オフの関係にあり，ナレッジワーカーの自立度を増せば増すほど，企業の業績にはマイナスの効果を及ぼすと考えられがちであるが，実態はまったく逆である。

このことを示す面白い調査がある。（財）自由時間デザイン協会が

2000年6月に591社から回答を得た「企業の自由時間度に関する調査」によれば，高成長企業ほど，従業員の自律度を増すような仕組みを導入していることが明らかになった。この調査では，回答企業について，過去3年間の売上高の伸び率別に，20％以上を「高成長企業」，0から20％までを「成長企業」，売上げ減を「停滞企業」と3分類して，それぞれの分類ごとに，図表6-1に示すように，「労働時間の長さ」，「労働時間のフレキシブルさ」，「仕事の場所」，「キャリア，ライフデザインの自由」などの大項目ごとにナレッジワーカーの自律を促進すると考えられる項目について，該当性を整理した。

この図表が示すように，フレックスタイム制，裁量労働制，完全週休日制，女性管理職の登用，育児休業の選択希望，研修の選択希望などナレッジワーカーの自立度を増すようなメニューについて，いずれの項目とも，成長率の高い企業ほどメニューの導入が進んでいる。知識労働が増え従業員がナレッジワーカーになればなるほど，個人の自立度と企業の業績とは正の相関関係となってくる。このような個人と企業の関係を媒介するのは仕事である。

企業は，企業のなかの人に仕事をしてもらうことによって組織目標を達成する。一方，人間は仕事を通じて自己確認をするし，仕事を通じて自己実現するということができる。つまり，個人は自己確認や自己実現の機会である仕事を通じて企業に依存しているということができる。このようなモデルにおいては，企業と個人は仕事を通じて相互に依存し合う関係にある。

ナレッジワーカー自立度に関する企業の評価・格付け

このようにナレッジワーカーの自立度と企業の業績とは正の相関関係を有するようになっており，今後その関係が高まっていくと考えられるが，これを高めていくためにはどうしたら良いであろうか？

まず必要となるのは，制度面の改革である。2000年4月からは改正労働基準法が施行され，裁量労働制の対象範囲が特定の業務から本社レ

図表 6-1　従業員満足度（ES）の向上と企業の業績との関係

分　類	調　査　項　目	単位	計	高成長企業	成長企業	停滞企業
1．労働時間の長さ	総実労働時間	時間	2,032	2,111	2,023	2,030
	所定労働時間（平均）	〃	1,963	1,954	1,950	1,974
	所定外労働時間（平均）	〃	69	157	73	56
	年次有給休暇付与日数（平均）	日	17.1	16.1	16.9	17.2
	年次有給休暇取得日数（平均）	〃	9.6	9.5	10.1	9.4
	年次有給休暇消化率（平均）	%	56.5	59.0	59.8	54.7
	休日連続化対応あり	〃	29.1	35.1	31.1	25.2
	長期連続休暇制度あり	〃	37.2	35.1	35.7	36.9
2．労働時間のフレキシブルさ	フレックスタイム制度あり	〃	16.4	22.8	16.3	15.4
	導入企業の該当社員率(平均)	〃	38.1	47.5	46.3	29.2
	裁量労働制導入	〃	6.1	8.8	5.6	6.2
	導入企業の該当社員率(平均)	〃	33.3	52.0	36.5	25.5
	部門・チーム毎の出社・勤務時間調整あり	〃	15.2	15.8	20.9	11.8
	導入企業の該当社員率(平均)	〃	42.0	56.0	40.7	37.0
3～4．休みの計画性・社会性	完全週休 2 日制	〃	42.2	47.4	46.9	37.6
	週休交代制あり	〃	39.5	47.4	39.8	37.9
	土日以外に週休あり	〃	17.1	8.8	18.4	17.0
5．仕事の場所	在宅勤務・テレワーク制度あり	〃	1.7	3.5	3.1	0.3
	導入企業の該当社員率(平均)	〃	3.4	1.0	5.2	2.0
	勤務地の本人希望考慮	〃	68.1	70.2	73.0	64.7
	本人希望最優先	〃	3.2	5.3	5.6	1.6
6～7．仕事 What・How	異動の本人希望考慮	〃	72.5	78.9	75.0	70.0
	本人希望最優先	〃	1.9	0.0	2.6	2.0
	社内公募制度あり	〃	5.7	7.0	7.1	4.9
	社内ベンチャー制度あり	〃	1.4	0.0	2.0	1.3
	留学支援制度あり	〃	3.5	3.5	5.1	2.6
8．キャリア，ライフデザインの自由	女性管理職いる	〃	32.3	43.9	36.2	26.8
	該当企業の管理職女性比率(平均)	〃	10.9	8.1	13.3	9.2
	育児休業の希望選択肢あり	〃	26.4	38.6	25.0	24.5
	研修の自由選択メニューあり	〃	13.7	17.5	17.3	9.8
	退職後の再雇用制度あり	〃	61.0	50.9	57.7	66.3
	定年年齢以上の新規雇用あり	〃	13.9	15.8	14.3	13.7
	派遣労働者・契約社員受入あり	〃	42.2	66.7	41.3	38.9
	早期退職優遇制度あり	〃	21.1	14.0	18.9	24.5
	独立開業支援制度あり	〃	2.5	1.8	3.1	2.6
9．雇用の自由	経験者（中途）採用定期実施	〃	3.5	7.0	4.1	2.6
10．成果評価	成果主義給与制度あり	〃	21.8	36.8	21.9	19.6
	導入企業の該当社員率(平均)	〃	33.9	40.5	29.4	33.4

（資料）㈶自由時間デザイン協会作成。

ベルの企画・立案・調査・分析にまで拡大されたが，今後とも裁量労働の範囲を拡大してフレックスタイム制，フリータイム制などの環境を整えることが必要である。

ただし，これだけでは足りない。よく会社に職務関係のみならずライフスタイル全般までも帰属している人間を「会社人間」と呼ぶが，「会社人間」のライフスタイルが定着してきた日本社会においては，フレックス制が導入された企業において，むしろ労働時間が増大しているとの調査結果も出ている（1999年連合調査）。

この調査結果が示すように，制度的な整備だけでは，個人と企業との関係が個人の自立度を促進するように進むとは限らない。「会社人間」のライフスタイルが定着してきた日本社会においては，個人と組織の関係のあり方自体が見直されるような環境を整える必要がある。

このため私が提唱しているのが，ナレッジワーカーの自律度に関する企業の評価・格付けである。この個人の自立度に関する評価・格付けの考え方は，ムーディーズやS&Pなどが金融の分野で行っている格付けにヒントを得て，それを個人と企業の関係にまで発展させようという試みである。

具体的には，**図表6-2**に列挙している項目などについて，第三者評価または利用者評価（この場合は，従業員の満足度評価）を定量的に行い，その結果をインターネット，新聞などの媒体を通じて公表し，その結果が労働市場における個人の選択，企業との関係の構築に反映されるようにすることが必要である。

日本でも進む“ナレッジ・マネージメント”

最近企業経営における“ナレッジ・マネージメント”の重要性が指摘されている。**2**-3で論じたように，企業の真の価値は物的資産から知的資産へと大きくシフトしており，今までの“1人当たりの物的資産規模”を最大にする経営ではなく，“1人当たりの知的資産規模”を最大にすることがビジネスの優劣を決めるようになっている。

図表 6-2　ナレッジワーカーの自立度に関する企業の評価・格付け項目

[1]　ジョブ・デザイン
①　労働時間の柔軟化
フレックスタイム
裁量労働
休暇を取るタイミングの自由度
複数労働時間制（パートタイムを含む）
②　仕事の選択度の拡大
仕事の進め方の個人裁量
テレワーク支援
契約社員

[2]　キャリア・デザイン
①　退出入，採用
休職
転職
中途採用
再雇用
②　昇進・昇格，給与
能力主義
成果報酬制
女性，若手登用
退職金の選択制
③　キャリアの選択
自己申告制度
社内公募制度
複線的コースの設定とコースの選択の自由
個人尊重の人事配置
キャリア・ディベロップメント・プログラム
研修
④　独立
社内ベンチャー
独立開業支援

[3]　ライフ・デザイン
①　個人による時間デザイン度（量）
労働時間の長さ
残業手当の割増率

週休制
有給休暇（付与日数，消化率）
特別休暇制度（教育休暇，ボランティア休暇，リフレッシュ休暇など）
② 個人による時間デザイン度（質）
休日・休暇の連続性
休暇の実現度（予定通り休めるか）
③ 家庭との両立
育児支援（育児休暇，短時間勤務制度）
介護支援
勤務地域限定社員制度
④ 社会への参加
NPO，ボランティア活動支援（勤務時間内，勤務時間外）
⑤ 退職後準備支援
勤務形態選択など

（資料） 加藤のアイデアを基に，㈶自由時間デザイン協会がまとめたもの。

経営コンサルタントである大浦勇三氏は，そのためには企業内外のナレッジの共有の仕組みづくりが重要であり，相互の信頼関係と相互の影響力のもとでコンテンツがうみだされるような仕組みが鍵を握ると指摘している[1)]。

具体的には，業務命令ではなく，お互いに共感をもつメンバー同士で集まってチームを結成し，このチーム単位でナレッジ・ベースを構築し，その後全社共通のナレッジ・ベースにもっていく方式を提唱している。ただし，チーム編成について何らかの枠組みが必要という場合には，外資系コンサルティング会社がよく使う業務別（例えば，素材メーカー，流通，金融サービスなど）や機能別（例えば，マーケティング，研究開発，情報システムなど）のプラクティスを使うこともありうるという。

京セラの「アメーバー経営」とソニーの「複雑系の経営」

チーム単位でのナレッジ・ベース経営を実際に推進しているのが，京セラとソニーである。京セラとソニーではコンパクトな事業ユニットに責任をもたせて，事業ユニットごとにプロジェクトを推進する体制となっている。この事業ユニットの多くにおいては，1人の主導的な個人のリーダーシップに事業の決定が委ねられるようになっており，補完的な人材をしだいにコンピュータとネットワークに置き換えることが目指されている。

このうち京セラは，28人で創業したときから「アメーバー経営」を実践している。この「アメーバー経営」は企業内小集団（アメーバー）の単位による部門別採算をめざすという考え方で，そのために“時間当たり採算”という考え方が導入されている。この“時間当たり採算”は，アメーバーが営業部門が製造部門であるかによって，以下のように定義されている。

①　営業部門

（売り上げ粗利－経費）÷時間＝時間当たり採算

②　製造部門

（生産金額－経費）÷時間＝時間当たり採算

そして毎月初めに，各アメーバーは自分たちでこの“時間当たり採算”をいかに上げるかについて計画を組む。これは自発的に設定されるものであり，上から与えられる数字ではない。管理者の役割は，自発性を喚起する環境づくりにおかれている。この「アメーバー経営」により京セラは，個と全体が調和する組織を確立すること，会社への貢献度合が統一した尺度で全員が認識できること，そして社内における共通の価値観，考え方を全社員が共有化することをねらっている。

ソニーの場合は，1997年から「複雑系の経営」を提唱している。これはグループの価値の全体和は，その部分となっている事業ユニットに足し算よりも大きくなければいけないという考え方で，小人数のタスクフォース制の導入や社内カンパニー制の強化などに表れている。各事業ユニットであるカンパニーは執行役員に任せ，社外取締役を含むソニー本社の10人の取締役会がグループ全体の経営の方針を決める形で経営がなされている。

この「複雑系の経営」の主要な柱の1つが小人数のタスクフォース制

の導入であり，ソニーの場合，この事業ユニットが数千のオーダーに達している。いってみれば，この数千の事業ユニットがソニーという複雑系である生命を動かす細胞のようなものであり，自立性をもった事業ユニットがイントラネットやエクストラネットを駆使して，細胞がうごめくようにイノベーションを起こしている。

このような京セラやソニーのケースは，急速にインターネットがイントラネットやエクストラネットの形で企業経営に導入され，e-BPO が浸透していくことにより，広範囲に拡大することが予想される。

21 世紀においては，日本においても e-BPO が進み，企業内のイントラネットと企業と企業をつなぐエクストラネットがシームレスに結合していくであろう。こうなると，企業自体が本当の意味で「ヴァーチャル・カンパニー」となっていく。「ヴァーチャル・カンパニー」を支える主体は，できるだけコンパクトで自立性の高い事業ユニットである。この事業ユニットにおける意思決定は，1 人の主導的なリーダーに委ねられており，補完的な人材はコンピュータとインターネットでネットワーク化されている。

6-3　横のビジネス・ネットワークへの潮流：画期的な「マイクロビジネス協議会」

横のビジネス・ネットワークへ

このような大企業のプットフォームとナレッジワーカーのモデルは，戦後長らく続いてきた企業グループ内の系列取引による日本のビジネス・プラクティスを根本から変えていくインパクトを有するものと考えられる。一言でいえば，系列内の縦のビジネス・ネットワークから，系列を超えた横のビジネス・ネットワークへの転換である。

この系列を超えた横のビジネス・ネットワークにおいては，大企業のプラットフォームとナレッジワーカーが SOHO，ベンチャービジネスなどのマイクロビジネス，マイクロビジネスを束ねるエージェントなどと，仕事の受発注を通じて有機的に結びついている。

このような変化が 1990 年代のアメリカでいち早く起こった。まず，アメリカの変化を見てみよう。アメリカでは 80 年代後半から 90 年代初めにかけて，経済の先導役が製造業から情報産業・サービス産業に転換するという一種の“産業革命”が起こり，この変化がアメリカ経済社会にさまざまな変革をもたらした。

1990 年代におけるアメリカ経済の変貌は，ハイリスク・ハイリターン型のベンチャーによって支えられてたと考えられがちであるが，イノベーションが経済や雇用全体に与えたインパクトという観点からは，経済のソフト化，サービス化を支えた SOHOT の登場が重要である。

SOHOT とは，SOHO（Small Office & Home Office：小規模オフィス・自宅兼用オフィス）において，フルタイムまたはパートタイムで在宅ビジネスに従事している個人事業者とテレワーカー（Teleworker：テレコミューティングを行っている一般企業勤務者）などの知的労働者（ナレッジワーカー）の総称であり，両者（SOHO と Teleworker）の頭文字をとって SOHOT と呼んでいる。

自宅で仕事をし，自分のペースで仕事を行う自営業者は，かつては小売店などの伝統的な小規模事業者に限られていたが，「IT 革命」と称されるインターネットなどの情報技術の発達により，ここ数年はコンサルタントやコンピュータ・プログラマーなどのナレッジワーカーが主要なものとなっている。

アメリカの調査会社 IDC と LINK によれば，1996 年に何らかの形で自宅で働いていたアメリカ人は 4,700 万人にも達しており，これは総労働人口の 3 分の 1 を占めている。このうちフルタイムの SOHO 事業者は 1,420 万人，パートタイムの SOHO 事業者は 1,200 万人であり，テレワーカーは 1,120 万人となっている。この数字は 4 年前のものであるので，現在はもっと拡大しているであろう。

この SOHOT の伸長は，アメリカの産業構造，雇用構造に大きなインパクトを与えた。90年代においては，製造業に属する多くの大企業から，ダウンサイジングやリストラの結果大量の離職者が発生したが，これを吸収したのは中小企業，とりわけSOHOTであった。しかもSOHOTは，アメリカ全体の雇用増加に大きく貢献している。アメリカでは84年から95年にかけて2,055万人の雇用が増加したが，そのうち1,153万人がサービス産業において創出されている。

この雇用増加の内訳を，企業規模別に1989年から92年についてみると，従業員20人以下の中小企業がもっとも雇用増加に貢献している。この中小企業のなかでもサービス業が主体であると考えられるが，具体的に雇用増加が多い中小サービス業は，

① 企業のアウトソーシングニーズに応える「ビジネス支援型サービス」と，

② 健康関連サービス，個人病院・クリニック，託児サービスなどの「生活支援型サービス」である。

このうち「ビジネス支援型サービス」は，1990年代にはいってから専門ノウハウ，特殊技能，低コスト等で競争優位をもつ新型ビジネスサービス業が肥大化した大企業の間接部門（情報システム，財務，税務，人事，コンサルティング等）を代替する形で急成長した。

例えば，情報システムではEDS，財務ではアンダーセン・コンサルティングなどが活躍しはじめたのは90年代にはいってからである。そのほか，年金計算代行業，出張事務代行業，秘書代行業などさまざまな分野で数多くの中小サービス業が発達している。また，「生活支援型サービス」は，まずレーガン政権が医療費削減に取り組んだ医療制度改革が医療関連産業のコスト意識を高め，結果として新しいサービス業を誘発したといわれる。具体的には，

① 給食，患者移送などの医療周辺サービスのみならず，医療スタッフ派遣や人工透析などの医療業務においても，アウトソーシングが活発化した，

② 医療サービスの機能分化に伴い，アシステッド・リビング（高齢者

が自宅で自立した生活を送れるように生活支援・ケアの提供を行う形態）などの在宅医療分野や従業員の健康管理などの予防医療分野などで新しいサービス業が導入されたこと，

等を背景に医療関連産業が活性化し，多くの雇用を吸収した。このほか最近伸びてきているのは，働く女性を支援する託児サービス，高齢者や女性のニーズに対応する買い物代行業などである。

最近においては，「ビジネス支援型サービス」，「生活支援型サービス」ともフランチャイズの形態をとるものが増加している。従来フランチャイズというと，飲食店によく見られた形態であるが，高齢者向け健康関連サービス，家事代行サービス，人材派遣，コピーセンター・ショップ，OA 機器のメンテナンス・サービスなどに一般的にみられるようになっている。しかも，このような「ビジネス支援型サービス」と「生活支援型サービス」における雇用は賃金水準が高いという特性も有している。

1996 年版の通商白書によると，80 年から 94 年までのアメリカの雇用構造と賃金の変化に関して，コンピュータサービス，法律サービス，看護サービス，病院等のサービス業種においては，雇用に占めるシェアの増加とともに賃金水準の上昇が見られ，同じサービス業でも，雇用に占めるシェアは増加しているものの賃金水準は低下している飲食店，小売業等や雇用に占めるシェアとともに賃金水準も横ばいないし低下している製造業・卸売業とコントラストをなしている。

アメリカにおけるリーディング・インダストリーというと，ソフトウェア，テレコミュニケーション，バイオテクノロジーなどのハイテク企業であるとの印象が強いが，少なくとも雇用の量と質という面からみると，ハイテク企業ではなくミドルリスク・ミドルリターンやローリスク・ローリターンの「ビジネス支援型サービス」と「生活支援型サービス」といったごく普通の企業が主役を担っているのである。

このように 1990 年代のアメリカ経済は，大企業はリストラを進め，さらにコアコンピタンスに特化してビジネスモデルを転換していった。

他方，「ビジネス支援型サービス」と「生活支援型サービス」を提供するマイクロビジネスが数多く登場して，プラットフォーム化した大企業との間で柔軟なビジネスネットワークを形成するようになった。両者をつなぐエージェントと呼ばれる機能も発展したのである。

「マイクロビジネス協議会」の結成

日本経済は，ほぼ10年遅れてアメリカ経済が1990年代に経験したような構造調整の状況を迎えている。その過程では大規模なダウンサイジングも行われている。雇用調整のみならず，経済の構造がソフト化，サービス化するときに産業構造は大きな調整が必要となる。BPO，e-BPOの積極的導入により，企業のビジネスモデルの転換も進む。

また，ベンチャービジネスも盛んになりつつあり，紆余曲折はあるものの，「IT革命」の進展に伴ってネットベンチャーなども拡大しつつある。SOHOTなども増加しつつあり，その実態は正確に把握されていないが，200万人から300万人の人々が登場しているものと推測されている。このときに必要なのは，構造調整を円滑に進めるための外部環境であり，アメリカのようにビジネスモデルを変革していく大企業と「ビジネス支援型サービス」と「生活支援型サービス」といったごく普通の企業，特にその担い手としてのSOHOTやマイクロビジネスとのビジネスネットワークの構築が必要である。

日本における従来のビジネスネットワークは，企業グループごとの系列内の“縦の”ビジネスネットワークであり，こうした“横の”ビジネスネットワークは構築されていない。このような状況のもとで2000年8月，㈳日本テレワーク協会を母体として「マイクロビジネス協議会」が設立された。「マイクロビジネス」はここ数年間私が提唱してきたものであり，「マイクロビジネス協議会」の結成は，その構想が実現したものである。

21世紀のネットワーク社会のもとでは，ビジネスの基本単位が起業家，ナレッジワーカーなどの個人となり，「ハコ型企業」の役割は第二義的な役割となる。この「組織から個人へ」というパラダイムシフトを表現したコンセプトが「マイクロビジネス」あるいは「個業」であり，従来の「ベンチャー・ビジネス」に代わる新しい時代のキーワードである。具体的な範囲としては，従来のベンチャー・ビジネスのみならず，SOHOT，コミュニティビジネスなどを広く対象とし，日本経済全体に創業の“うねり”を拡大しようとするものである。

「マイクロビジネス協議会」は，マイクロビジネス・エージェント，マイクロビジネス・エージェントに業務発注する大企業・団体，マイクロビジネス・エージェントを支援する仕組みに関心のある企業・団体，地方自治体，マイクロビジネスなどが参加して，① ビジネス・マッチング機能の整備，② 品質保証・履行保証，③ トラブル処理・仲裁，④ 福利厚生，⑤ 教育研修，⑥ 金融，⑦ 地域活性化などの具体的な課題ごとに分科会を設けて，マイクロビジネス・エージェントを媒介として大企業などから業務がマイクロビジネスに流れるシステムを構築している。

最も重要な機能はビジネス・マッチング機能であり，**図表 6-3** に示すように，ビジネスマッチング・ポータルを活用したインターネット上の受発注システムとコーディネーターによる人的なマッチングを併用して，“横の”ビジネスネットワークを構築しようとしている。この点で，「マイクロビジネス協議会」は，いわばマイクロビジネス・エージェントのエージェントである“ジェネラル・エージェント”の役割を果たすことを目指している。この「マイクロビジネス協議会」は，マイクロビジネス，マイクロビジネス・エージェント，大企業などの間で受発注や業務のビジネス・ネットワークをつくり，それらが1つの生態系となる「ビジネス生態系」(business eco-system) を構成しようとするものである。

現在，岩見沢市，会津若松市，いわき市，志木市，三鷹市，横浜市，藤沢市，相模原市，横須賀市，三島市，静岡市，浜松市，大阪市，福岡市，石垣市などの地域においても，SOHO センター，テレワークセンターなどの名でマイクロビジネスの拠点の整備が進められており，将来

図表 6-3 「マイクロビジネス協議会」によるビジネスマッチング機能

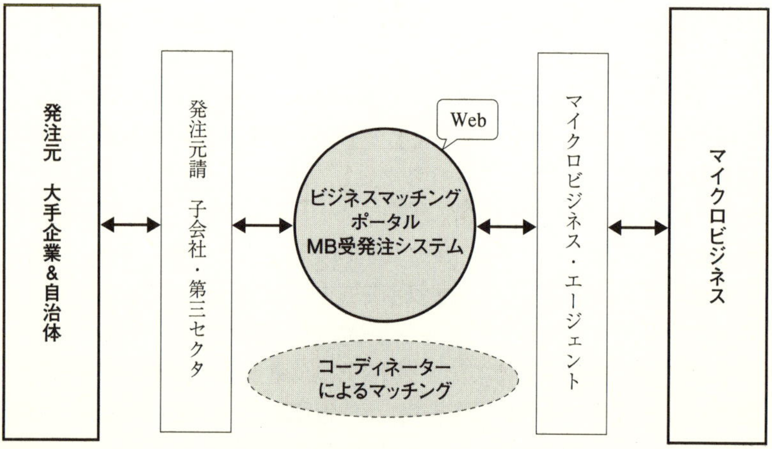

（資料） マイクロビジネス協議会を加藤一部修正。

は，シリコンバレーのように，この「ビジネス生態系」が地域ごとに構築されるであろう。そうして，「マイクロビジネス協議会」が構築する全国ベースの「ビジネス生態系」と地域ベースの「ビジネス生態系」とが重層的なネットワーク構造をつくるのが最終目標である。

（注）

1） 大浦勇三［1998］『ナレッジマネージメント革命』東洋経済新報社。

7　新しい価値創造へ：21世紀のヴァリュー・ダイナミクス

以上本書においては，問題提起（**1**章）を受けて，アウトソーシングの発展段階のうえでBPO，e-BPOを位置づけるとともに（**2**章から**4**章），「IT革命」時代のビジネスモデルを構築するため，日本企業などがe-BPOに果敢に取り組み，「アウトソーシング・ビッグバン」をおこすためのアクションプラン（**5**章）や日本型BPOの展望（**6**章）について論じてきた。

本章では，最終章として，e-BPOに取り組むうえにおいても新しい価値創造を行う“ポストBPO”戦略が必要なこと，そのための「新しいヴァリュー・ダイナミクス」の構築が必要なこと，そして具体的なアクションプランとして，「新資産管理」などについて説明することとしたい。そして，最後に真の価値を生むために何が必要かを述べて，締め括ることとしたい。

7-1　“ポストBPO”戦略へ

企業は「価値創造主体」として再定義される！

「情報革命は……企業の機能を価値と富の創造として新たに定義し直す基盤となるものである」。P.ドラッカーは，こう指摘している。

BPOあるいはインターネットのウェブ技術を使ったe-BPOが進む時代においては，企業はコアコンピタンスに特化し，その他の部分は外部からサービスとして提供を受けて，価値を創造するようになる。21世紀においては，企業は「価値創造主体」として再定義される。

ただし，企業は単独で価値を創造するものではない。21世紀においては，われわれが当り前のように思ってきた企業が消え，それを超える組織やネットワークが登場する。それを駆動していくのは，e-BPO である。

e-BPO は，単なる企業のビジネスモデルの変革を意味するのではない。これにより，ビジネスの基本単位が「企業」から「組織」へと変化するという根本的な変革なのである。ここでいう組織には，企業外に存在する顧客，サプライヤー，パートナーなども含まれる。価値創造という観点からは，企業の境界を越えて構成される「超企業」としての組織のパフォーマンスが重要になる。

このことを象徴的に示すものに，IBM の企業戦略の変遷がある。IBM は，第 2 次世界大戦後しばらく，他者からは一切サポートを受けずに企業戦略を展開していた。しかし 1980 年代になると，一転して次々と提携関係を有するようになった。

例えば，ソフトウェア開発の提携先としては，OS を供給するマイクロソフト，半導体のサプライヤーとしてはインテル，といった具合である。また日本 IBM は，販売網の強化・拡大を目的に，IBM の長年の伝統を破りディーラーのネットワークを構築した。こうした戦略は，リスクを抑えつつ自社製品を市場に迅速に提供するためのもので，「製品の連鎖」といえるものであった。

だが，90 年代にはいると，こうした「製品の連鎖」は「知識の連鎖」と呼ばれるものにシフトしていった。まず，次世代技術を巡り，IBM は最大の競合企業といえるアップルと提携した。また，日本 IBM もやはり競合企業である日本電気（NEC）と提携関係を構築した。どちらの提携も，「製品の連鎖」のようにお互いを補完し合うことが主目的ではなく，相互に学習し合い，ともに知識を創造すること，それにより新たな競争力の基盤を獲得することが主目的となっている。

今や IBM は，世界的なアウトソーサーとしてアウトソーシング・ビジネスも事業ドメインに加えており，BPO あるいは e-BPO に関連したサービスを提供して，さまざまな分野における「知識の連鎖」を推進している。「知識の連鎖」とは，単なる製品の連鎖を超えて，提携相手同士が相互学習や知識の創造を行い，その結果を再び製品の流れに転換できる関係を構築することである。

変化の背景

こうした企業間ネットワークの意味合いが「知識の連鎖」へと変化した背景には，次のような知識の意味合いの劇的な変化がある。

①　知識の生成・発展のサイクルが極めて短縮化されている。

②　従来に比して，ビジネス化できる知識の量が加速度的に増加している。

③　かつてのように一部の企業が知識を独占するのではなく，世界中に無数の企業や大学その他の組織が知識を蓄積しているために，自社にとって必要な知識が世界中に散らばっており，しかも，それをビジネス化できる能力をもった企業や研究機関が，自社以外にも無数に存在するようになっている。

④　知識の創造にあたっては，サプライヤー・サイドからの働きかけではなくユーザーからのインプットが必須の要件となっており，顧客とのインターアクションが重要性を増している。

このような状況下では，「製品の連鎖」では十分に対応することができない。「製品の連鎖」だけでは，主に，すでにビジネス化されている知識を効率的に運営することしかできないが，これに対して企業が今必要としているのは，世界中に散らばるいまだビジネス化されていない知識を，他に先駆けてスピーディに発掘すること，そして，そうした“眠れる知識”のビジネス化によって自らの競争力の基盤を変革したり，新たな競争力を構築することだからである。

これを実現するためには，かつて競合企業であった企業，あるいはそれ以上の能力をもつ企業や大学と提携して，相互に緊密なネットワークのもとで学習を進めていく他ない。また，その相互学習にあたっては，顧客とのインターアクションを並行して進めることが必要である。

アメリカのみならず日本においても，1998 年の大学等技術移転促進法の施行以来，大学などからの技術移転のためにTLO（Technology Licensing Organization：技術移転機関）の設立，それを活用したユーザー企業とのインターアクションいよる製品化の動きが活発になっているのは，こうした「知識の連鎖」を求める社会の動きを反映する好例といえる。

「Plan-Do-See」から「Do-See-Plan」へ

このような状況のもとでは，従来の経営戦略の基本となってきた「Plan（計画）-Do（実行）-See（観察）」やそれに基づいた「選択と集中」という手法は，もはや有効性をもたない。ある程度事業の先行きが読めるような状況では，あらかじめ計画を立てて，それを組織的に実行し，その結果を見ながら行動を修正するという「Plan-Do-See」という手法が有効である。

しかし，前述のように知識の意味合いが劇的に変化すると，むしろ仮説に基づいた実験と資源を移動するスピードが問題になる。すなわち，新たな仮説を基にさまざまな実験を試みながら，その仮定を通じて創発（emergent）により発見された構想に対して，機動的に資源を投入するということが必要になってくる。

こうした状況では，できるかぎり俊敏に実験・実行し，そのプロセスのなかから新たな価値を発見し，その後計画を策定していくといった「Do-See-Plan」アプローチが必要となる。これは，「選択と集中」との対比でいえば「実験と創発」といえる。

重要性を増す組織学習

ここで重要なのは，こうした「知識の連鎖」には，移動可能性の高い「移動型知識」を対象としたものと，移動が難しい「埋め込み型知識」を対象にしたものとの2種類あるということである。この「移動型知識」と「埋め込み型知識」は，それぞれ**4-3**で説明した「形式知」と「暗黙知」に対応する概念である。

「移動型知識」の多くは，製品や図面の中にパッケージ化されていたり，数式やデータなどで明確に表すことができるため，簡単にネットワークの中を移動することができる。特に，今やインターネットで3次元のCAD・CAM情報を世界中に瞬時に送ることも可能であり，e-BPOの段階においては企業の内部のみならず，企業の外部にいる提携相手や顧客との間で，縦横に張り巡らされたネットワークを活用して知識の移動が行われる。

こうした「移動型知識」のダイナミックな移動は，めぐりめぐってネットワークのメンバーそれぞれに新しい知識を学習させる。また，組織としてのネットワークは，この新しい知識を融合するシナジー効果を生むため，さらに進んだ学習を進めることになる。

他方，「埋め込み型知識」は「移動型知識」と異なり，組織の人間関係の下で動くものであり，企業文化に深く根ざしている。そのため，容易には移動しない。「埋め込み型知識」の典型は，ノウハウである。ノウハウは，例えば，親方と徒弟のような緊密な関係をつくりだし，親方のとるすべての行動を学習することによってはじめて，親方から徒弟への知識の移動が可能となる。

親方のもっている「埋め込み型知識」は，けっして整理されたり，明文化されたものではない。また，親方のとる個々の行動を見ていただけでは，「埋め込み型知識」を獲得することはできない。それは，どうしてそのような行動を親方がとるかという文脈のなかではじめて理解できる全体的な知識だからである。「埋め込み型知識」の移動はけっして容易ではないが，その代わり，いったん「埋め込み型知識」の移動に成功すれば，「移動型知識」と比較して，はるかに長期間にわたって企業の競争力の基盤となる。

それは，「埋め込み型知識」の移動に伴い，ネットワーク内の能力レベルが飛躍的に向上するからである。この「埋め込み型知識」を理解するためには，従来の仕組みを超えた新たな能力が必要となる。「埋め込み型知識」は，新しい文脈のもとではじめて理解可能なものであり，伝統的な発想，仕組みでは理解できないからである。

このようなことから，「埋め込み型知識」の移動が起こると，ネットワーク内の企業がもつ伝統的な仕組み・能力が転換され，ネットワーク内の新しい価値創造文化が形成される。最近，よく「アンラーニング」（Unlearning）ということがいわれるようになっているが，これは，妥当性を欠いた既存の価値が新しく必要とされる価値に置き換わるために必要とされる“ダブル・ループ学習”のことを指している。

このような「埋め込み型知識」に関する学習効果は，「移動型知識」の場合以上に，企業の内側外側という区分では捉えにくい。「埋め込み型知識」が生まれる過程は「移動型知識」の場合と同様であるが，いったん生まれた「埋め込み型知識」が移動して十分の活用され，機能するようになるためには，今まで存在していたシステム全体を根幹から組み直す必要があるからである。

すなわち，「埋め込み型知識」の場合は，その知識が活用される状態になったときは，組織やネットワークのあり方が抜本的なレベルから変革されることになる。これは，明らかに企業の枠を超えたネットワークとしての成果であり，その成果を企業，顧客，他のパートナーなどに区分して切り分けることは不可能である。

以上のように，「移動型知識」，「埋め込み型知識」いずれの場合も，その学習効果は企業体企業，企業体環境という図式ではなく，ネットワーク全体を１つの組織として捉えて考えるべきものである。

21世紀の競争力は「埋め込み型知識」で決まる！

企業の“ナレッジマネージメント”がいわれるとき，われわれは，企業の競争力は特許権などの知的所有権の有無で決まると思いがちである。最近の「ビジネスモデル特許」をめぐって過熱化する動きは，このような思い込みを促進している面がある。しかし，このように知識を「移動型知識」と「埋め込み型知識」とに分けて考えると，企業の競争力を決めるのは，知的所有権だけではなく，もう１つ大きな要素があることがわかる。

というのは，特許権などの知的所有権で保護されるのは，「移動型知識」のみであり，「埋め込み型知識」は知的所有権でカバーされないからである。「移動型知識」と異なり，「埋め込み型知識」の質を決めるのは，知識を操る人間そのものの能力である。人間と人間のインターアクションや発想・インスピレーションの共有も重要になる。21 世紀における企業の競争力は，実はこのような人間そのものに依存している。では，このような「埋め込み型知識」を向上させるためには，どのような方途が必要なのであろうか？

ここで登場するのが「ベスト・プラクティス」と呼ばれる手法である。「ベスト・プラクティス」とは，企業内あるいは産業全体で見て，特定分野で最高のパーフォーマンスをあげている慣行（プラクティス）のことで，具体的には，そのようなプロセス，経営手法などのことを指す。21 世紀の企業は，企業の内側外側に存在する「ベスト・プラクティス」をいち早く発見し，積極的に吸収・摸倣することによって，企業の競争力を向上させることが必要になっている。

この「ベスト・プラクティス」の発見，吸収・模倣の手法は，ジャック・ウェルチ率いるところのゼネラル・エレクトリック（GE）が最初に取り組んだもので，その後高い成果を上げげたことで広く知られるようになった。GE が画期的であったのは，「ベスト・プラクティス」の発見，吸収・模倣が具体的にどの程度進んでいるかを定量的に工程管理するベンチマーキングの手法を組み合わせたことである。「ベスト・プラクティス」は，1980 年代後半以降のアメリカ企業の復活に大きく貢献したといわれている。

前述のように，「埋め込み型知識」の場合は，いったん「埋め込み型知識」の移動に成功すれば，今まで存在していたシステムの機能全体を改革することになり，「移動型知識」と比較して，はるかに長期間にわたって企業の競争力の基盤となるのである。「埋め込み型知識」が企業の競争力を決めるうえで決定的に重要な要素となることは，**4**-**3** で説明した産業クラスターの重要性を再認識させる。

「埋め込み型知識」の移動は企業の枠を超えて起こるが，その移動の特性は常に人間を介していることである。したがって，ネットワーク上でCAD・CAM情報などの「移動型知識」を瞬時に，時間と距離に関係なく送るのと異なり，常に時間と距離の制約が伴う。したがって，「埋め込み型知識」の移動は企業の立地特性に大きく影響される。時間と距離の制約のもとで「埋め込み型知識」の移動をスムーズに行うためには，企業がクラスター（房）状に高密度に立地していることが必要である。インターネットのビジネスにおける活用が世界で最も進んでいるシリコンバーにおいて，なぜ，企業集積度が増す方向にベクトルが向いているのか？　という疑問に答えるのは，この「埋め込み型知識」の特性である。

この点は，経済学，経営学の世界では，海外投資理論における「立地特殊的優位の戦略的重要性」として説明されている。ポール・クルーグマンが国際貿易と産業立地の関係に焦点を当てて理論を発表しているが，最も整理されているのはマイケル・ポーターのクラスター論である。マイケル・ポーターによると，① 需要条件，② 関連産業・支援産業，③ 要素（投入資源）条件，④ 企業環境および競争環境を有機的に結び付ける役割を果たして，企業単位の効果をはるかに超えるシナジー効果を発揮させるのが産業クラスターである[1)]。

産業クラスターは，多数の関連企業・関連機関からなる柔軟な分業システムとみることができる。そこでの企業は，こうした柔軟な分業システムのある特定の分業単位についての専門応力や技術を高め，それを蓄積する。この過程で，企業の枠を超えたインターアクション，提携が起こり，それとともに「埋め込み型知識」が移動する。

「信頼」が競争力の基盤

発達した産業クラスターでは，それぞれに高い技術を蓄積したメンバーが，その組合わせを柔軟に変えていくことによって，多種多様な需要に対応していく。このようなメンバー間には，次第にビジネス遂行上の信頼関係が構築される。信頼関係というと抽象的に聞こえがちであるが，この信頼関係こそが産業クラスターを有効に機能させるうえで必須の要素である。

というのは，産業クラスターでは，柔軟な分業システムのもとでメンバーの組み合わせが需要条件に応じてダイナミックに切り替わっていかなければならないが，その半面，メンバー間の分業の調整が複雑になり，いわゆる取引コストが増大する可能性がある。この取引コストの増大を回避し，産業クラスターでの柔軟な分業システムが有効に機能するためには，メンバー間で信頼関係が構築されていることが必要不可欠である。

信頼関係は，企業と企業の結びつきを促進するコーディネーターと企業との関係においても構築されていなければならない。**4-3**で説明したように，e-BPOの段階においては，ネットワークのマネージメントが重要になるが，このネットワークのマネージメントを専門に担当するのがコーディネーターである。コーディネーターとしては，インターネット上でその機能を行うオンラインのコーディネーターも必要であるが，信頼感の醸成のためには，どうしても人間によるオフラインのコーディネーターが必要である。このオンラインのコーディネーターと人間によるオフラインのコーディネーターの最適な組み合わせを実現していかなければならない。

シリコンバレーで特徴的なのは，このような信頼関係を構築するための各種の交流会，イベント，人と人との出会いの場の設定が多様に行われていることである。また，シリコンバレーにおいては，NPOやボランティア活動が盛んに行われているが，こうした非営利活動をともに実行しながら，信頼関係を高めていくのがシリコンバレーの人間関係の特徴である。

個人本位のビジネスと思われているベンチャー・ビジネスすら，その成功はこの信頼によっている。このことは，ハイテク地帯であるシリコンバレーとボストン周辺を比較して，シリコンバレーの成功の秘訣を分析したアナリー・サクセニアンの『現代の二都物語』（原題 *Regional*

Advantage）で明らかにされている。

サクセニアンの問題意識は，1980年代までアメリカのハイテク地帯として“西のシリコンバレー，東のボストン周辺”と並び称された両地域が，90年代にはいって情報社会に転換したとき，なぜシリコンバレーの伸びが加速され，ボストンの歩みは遅かったのか，というものであった。サクセニアンは，数年にわたるインタビューや実証の結果，ベンチャー・ビジネスという止めどもない個人的な競争という見かけの裏側に，いくつもの企業にまたがって個人をつなぐ信頼のネットワークが形成されており，それがある種のセーフティネットとなって，シリコンバレーにおけるダイナミックなビジネスの発展が起こっていることを発見した。シリコンバレーの競争力の基盤は「信頼」にあったのである。信頼は，われわれがコミュニティのみならず，新しいビジネスモデルを創りあげるうえでも必要不可欠なものである。

以上が“ポストBPO”戦略の出発点である。

7-2　ヴァリュー・ダイナミクスの転換

新しいヴァリュー・ダイナミクスへ

相対性理論を提唱した20世紀の天才アインシュタインは，「価値のあるものの価値を計れないときもあれば，価値を計れるものに価値がないこともある」と言ったといわれている。

今こそ，このアインシュタインの言葉がビジネスの分野にあてはまる時はない。**1**章で前述した“ポストBPO”戦略を実行するためには，その目標となる新しい価値創造のビジネスモデルが求められるからである。このことを，アーサー・アンダーセンの『バリューダイナミクス』を参考にして見てみよう。

まず，われわれは伝統的な価値創造のビジネスモデルの限界を検証することから始めなければならない。伝統的な価値創造のビジネスモデルは，過去500年にわたり活用されてきた会計手法に反映されている。その伝統的な会計手法は，貸借対照表（資産，負債および資本を把握），損益計算書（収入，費用，利益，損失および純利益を把握），およびキャッシュ・フロー計算書（現金収支の発生と利用方法を把握）から成り立っている。

この考え方の基本は，企業の価値とは，第三者との取引によってうみだされ，売上げにより増減するという考え方である。そこには，「企業」という存在はモノやサービスを売るためのものであり，それにより株主価値を増大するものであるという考えがある。

しかし21世紀を迎えた今，この考え方は根本からの問いかけに直面している。まず，問われなければならないのは，これからの企業の価値は第三者との取引によってのみうみだされるものなのだろうか？　ということである。

株式市場における時価株式総額は，第三者との取引による売上げだけによって変動するものではなく，例えば，製薬会社やバイオ・ゲノム関係企業の時価株式総額は，行政による新薬の承認などによって変動する。また，最近「エコファンド」という環境に配慮した企業の株式投資信託が人気を呼んでいるように，企業の価値は環境に十分な配慮を払っているかどうかによっても変動する。企業の価値はもはや第三者との取引によってのみうみだされるものではない。

しかも，次に問われなければならないのは，これからの企業は，果たして株主価値の増大のみを目的にしているのであろうか？　ということである。

そうではあるまい。21世紀の企業か創造する価値とは，株主のみならず，顧客，従業員にとっても価値を創造するものでなければならない。特に，**2-3**で論じたように，ヴァリュー・チェーンが，伝統的なインサイドアウト・モデル（自社製品を出発点として顧客にアプローチするモデル）から顧客主導のアウトサイドイン・モデル（顧客ニーズに対していかに効果的な提案をするかというモデル）へと逆転しており，このアウトサイドイン・モデルでのヴァリュー・チェーンでは，顧客満足度（CS : customer satisfaction）の向上が価値として重要な視点である。

また，21 世紀においては，企業は自社のコアコンピタンスに特化するとともに，e-BPO を推進して，マネージメントは外部からインターネットによりサービスとして提供を受けるようになる。この段階における企業の役割は事業価値の創造であり，事業価値をうみだすのは，知識技能者（ナレッジワーカー）である。企業はそれを支える“プラットフォーム”として機能するようになる。

こうしたナレッジワーカーは，企業外に存在する顧客，サプライヤー，パートナーなどともネットワークやシステムを組んで新しい価値をうみだす。したがって，“プラットフォーム”である企業が実現すべき価値とは，ナレッジワーカーである従業員の満足度の向上も目的とするものでなければならない。

以上のように，21 世紀における価値とは，従来のように株主満足度（SS : shareholder satisfaction）の向上のみを目的とすればよいというものではなく，顧客満足度や従業員満足度の向上をも目的としたものでなければならない。むしろ，顧客満足度（ES : employee satisfaction）や従業員満足度の向上を通じて，最終的に株主満足度を実現することが 21 世紀の価値である。このような 3 つの観点から図られた企業の価値が，株式市場において総合的に評価されて時価株式総額をパラメーターとして表示されるというのが，21 世紀の株式市場の姿であろう。

ここでわれわれは，今後の株式市場に求められる機能が大きく異なってくることに注目しなければならない。従来の株式市場の機能は，価値を株主満足度の観点からのみ評価するものであった。貸借対照表，損益計算書およびキャッシュ・フロー計算書は，「外部報告会計」と呼ばれることが示すように，投資家である株主に対して財務活動や利益処分に関する報告を行うものであり，価値の評価尺度は株主満足度のみである。これに対して，これからの株式市場の機能は，株主満足度，顧客満足度，従業員満足度の 3 つの観点から企業を総合評価するものとなる。

EVA は経常付加価値の最大化

新しいヴァリュー・ダイナミクスの発想に立つと，従来の日本企業の場合は，価値の創造という問題のほかに，効率的な付加価値の創造という別の問題をも抱えていることが明らかになってくる。

この価値創造のプロセスは，生産関数にインプットを投入し，アウトプットをうみだす過程であるとみることができる。前者の問題は，アウトプット自体の問題であるが，後者の問題は，インプット・アウトプット比率，すなわち，以下の効率的に付加価値をうみだしたかの問題である。

ここで，**2**-4 で説明した EVA（経済付加価値）を思い起こしていただきたい。EVA は，以下のように定義される。

EVA ＝ NOPAT（税引後事業利益）－資本費用（＝投下資本×資本コスト）

EVA が表現している付加価値は，企業の内部者の提供した労働サービスと資本への支払（人件費と自己資本コスト）を差し引いた後の剰余額である。差し引く理由は，労働サービスと自己資本の提供が企業活動のための重要なインプットで，そのインプットへの支払をした後の残った価値を計算するためである。

しかし，そのインプットへの支払の前の付加価値こそが，企業がうみだした付加価値と考えるべきであろう。それは生産関数を考えると明らかとなる。これからの生産関数は，

アウトプット＝F（知的資本，資本）

すなわち，企業は，ナレッジワーカーが提供する知的資本と株主が提供する資本をインプットとして投入しながら，社会に有用な価値をアウトプットとしてうみだす。企業はその変換を知恵と資金を基にエネルギーを使いながら行っている。インプットへの支払と外部へ売った商品の売上げからの収入との差額（外部収入－外部支払）が，企業がうみだ

す付加価値である。外部支払には，借り入れなどの負債に対する支払いである金利や政府に払う税金が含まれる。

こうして考えられる付加価値から人件費と自己資本コストをひくと，EVA になる。そのもともとの付加価値を企業が経常的にうみだしている価値という意味で，経常付加価値と呼ぶとすると，

経常付加価値＝ EVA ＋人件費＋自己資本コスト

となる。そうすると，

EVA ＝経常付加価値－人件費－自己資本コスト

となるが，EVA の考え方は，前述のように，労働サービスと自己資本への支払をした後の残った価値を最大化しようというものであることから，結局は，この経常付加価値の最大化を目指しているものと理解できる。

大きく悪化している付加価値生産効率

経常付加価値は，企業への内部投入，インプットしてのナレッジワーカーと株主との間で分配すべき経済的な原資の大きさを示している。そうとすれば，企業活動の効率を考える上で重要なのは，インプットに対する付加価値の生産効率である。

図表 7-1 は，1970 年から 98 年に至る日本企業の経常付加価値の生産効率の推移を見たもので，一橋大学の伊丹敬之教授の分析である。この図表が示すように，1 人当たりの経常付加価値は一貫して上昇している。また，経常付加価値を人件費で割った人件費経常付加価値生産効率はほぼ一定である。

他方，経常付加価値を自己資本で割った自己資本経常付加価値効率は，70 年代後半をピークとしてそれ以降急速に低下し，90 年代にはいってからは低いレベルで低迷している。

この自己資本経常付加価値効率の低迷は，株主の立場からはもちろん

図表 7-1　日本企業における経常付加価値の生産効率の推移

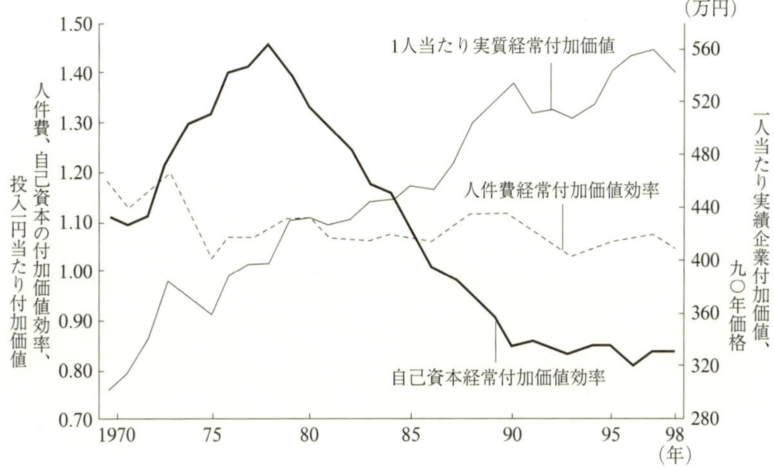

(注)　経常付加価値＝経常利益＋人件費－法人税等＝事業付加価値－支払利息－法人税。
(資料)　『大蔵省企業法人統計』から伊丹敬之作成。

のこと，従業員の立場からも重大なことである。というのは，前述のように，日本企業の場合，自己資本の半分は内部留保であり，この自己資本経常付加価値効率の低迷は，従業員がうみだした利益のなかから将来に備えて積み立てられてきた内部留保が，非効率に使われていることも意味しているからである。

このように見てみると，日本企業が直面している現状は，伝統的なヴァリュー・ダイナミクスがその有効性を喪失しているなかで，新しいヴァリュー・ダイナミクスを構築しなければならないという大きな津波が襲っているといえるであろう。新しいヴァリュー・ダイナミクスを構築し，価値そのものをいかにうみだしていくかという問題と，いかに効率的にその価値をうみだしていくかという問題の 2 つを同時に解決しなければならないのが，21 世紀を迎えた日本企業がおかれた現状である。

では，この点を次にみることとしよう。

7-3　新しいヴァリュー・ダイナミクス実現のために：新資産管理の確立

無形資産の評価が重要

そもそも「企業」とは，資産を元手にして価値をうみだす手段である。そこに資産をインプットして，価値であるアウトプットをうみだすヴァリュー・ダイナミクスが働く。

では，これからの企業の資産とは何であろうか？　そして，企業が生み出す価値はどのようにして計るのであろうか？　ここで伝統的なヴァリュー・ダイナミクスと新しいヴァリュー・ダイナミクスのコントラストが明らかとなる。

伝統的なヴァリュー・ダイナミクスは，貸借対照表で表示される資産で価値がうみだされると考える。貸借対照表の考え方は，企業の資産とは物的資産（生産設備，土地，建物，在庫など）と金融資産（資本，負債，投資，現金，売掛金など）で構成され，その価値は簿価で計測されるとするものである。

しかし，“ポスト BPO”戦略が展開される段階においては，まったく異なったヴァリュー・ダイナミクスが登場する。この段階においては，企業は「価値創造主体」として再定義されるが，価値を創造するのは，顧客，事業パートナーなど企業の枠を超えた企業間ネットワークである。しかも，企業間ネットワークの意味合いが「製品の連鎖」から「知識の連鎖」へと変化する。

これはまったく新しいビジネスモデルである。ビジネスを牽引するエンジンは，戦後から高度経済成長期までの，つくれば売れるという「テクノロジー・ドリブン」（生産・技術駆動型）の時代から，成熟経済下での，いかに売れるものをつくるかという「マーケット・ドリブン」（市場・顧客駆動型）の時代を経て発展してきた。駆動する力は異なっているが，いずれも企業の枠内で価値創造を考えたという点では共通している。

しかし 21 世紀の知識社会においては，まったく新しい発想が求められる。それは，それぞれの企業が企業の枠を超えて価値創造の基本的な仕組み＝ビジネスモデルを構築しなければ，存続も成長もできないという「ビジネスモデル・ドリブン」（ビジネスモデル駆動型）の時代となった。

ビジネスモデルという言葉が最近頻繁に使用されるようになっているが，それは，いかに新しい儲け方を発見するかというコンテクストで使用されることが多いようである。しかし，ここで論じているビジネスモデルは，このような価値創造主体の変化を踏まえて，企業という枠にとらわれずに価値創造の基本的な仕組みを構想していかなければならなくなったという事情に基づくものである。

このことから明らかように，企業がその価値をうみだしていく際に必要な資産とは，もはや貸借対照表が示すような「物的資産」と「金融資産」だけではない。21 世紀おいては，現行の財務会計システムでは把握できない無形資産を活用していかなければならないのである。

新しい無形資産として注目されるのは，次の「顧客資産」，「従業員資産」，「サプライヤー資産」，「組織資産」である。

- 「顧客資産」：顧客，流通チャネル，提携会社
- 「従業員資産」：従業員，ナレッジワーカー
- 「サプライヤー資産」：サプライヤー，パートナー
- 「組織資産」：リーダーシップ，戦略，組織文化，ブランド，革新，知識，システム，プロセス，知的資産

21 世紀においては，ナレッジワーカーは，従来の「物的資産」と「金融資産」に「顧客資産」，「従業員資産」，「サプライヤー資産」，「組織資産」を加えて，それらを元手にして価値を創造する。これが新しいヴァリュー・ダイナミクスである。

「プロローグ」で図表を紹介したが，**図表 7-2** はそれを発展させたものである。いずれもアンダーセン・コンサルティグが開発したものをさらに詳細化したものである。

図表 7-2　新しいヴァリュー・ダイナミクスのフレームワーク(詳細)

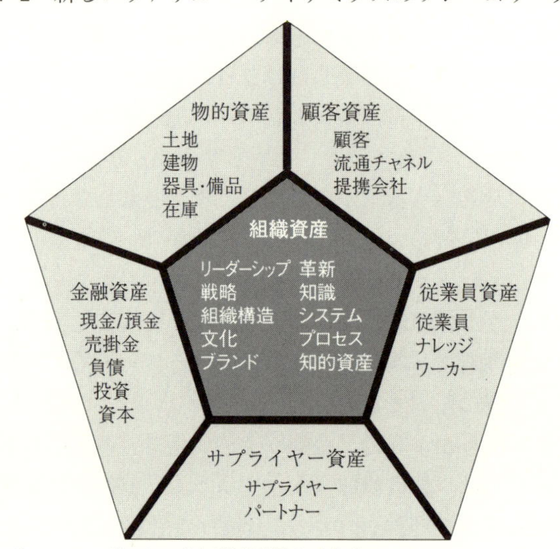

(資料)　アーサー・アンダーセンを加藤が発展させたもの。

こう整理すると明らかなように，もはや「企業」のみが価値創造主体ではない。「企業」内に存在するのは，「物的資産」，「金融資産」，「従業員資産」と「組織資産」であるが，価値創造プロセスにはさらに「顧客資産」と「サプライヤー資産」が加わる。これら6つの資産がネットワークを組んで価値を創造するというのが新しいヴァリュー・ダイナミクスの実像である。

そうなると企業が「価値創造主体」であるという命題自体も不正確となる。6つの資産のネットワーク・システムを「超企業」と呼ぶとすれば，21世紀においては，こうした「超企業」こそが価値創造主体となる。

新しい株式市場の機能

では，「超企業」がうみだす価値は株式市場にどのように反映されるのであろうか？ ここに登場するのが新しい株式市場の機能である。前述のように，新しい株式市場の機能は，株主満足度（SS），顧客満足度（CS），従業員満足度（ES）の3つの観点から企業を総合評価するものとなる。こうした価値評価は，従来のように簿価によるのではなく，常にリアルタイムで行われる時価株式総額である。

このためには，創造された価値を株式市場に向かって情報発信しなければ伝わらない。そのために必要とされるのが，積極的な情報開示をはじめとする「インベスター・リレーションズ」（IR: Investor Relations）である。

今までの日本企業は，株式の持合いによる安定株主がいたので，市場の声をそれほど重視しないでよかった。すでに 2001 年 3 月からは売買目的有価証券の時価評価が始まっているが，02 年 3 月期には持合い株式の時価評価が始まる。さらに，02 年から 4 年には，減損会計（土地・建物などの固定資産が抱える含み損の損失処理を義務づけるもの）の導入を経て，全面的な時価会計に移行するとみられている。

すでに市場では，これをみこして持合い解消がいっきに進んでいる。ニッセイ基礎研究所の調査によると，株式の持合い比率（金額ベース）は，1999 年度末で 10.53％と 9 年連続して低下した。90 年度末に比して 7.44％も落ちている。最近でも，カルロス・ゴーン社長（COO:Chief Operation Officer）のもとで大胆なリストラを進めている日産が系列部品メーカーの株式を売却しているなど，持合い解消は加速化している2)。

このように持合いの解消が進んだことで，IR をしっかりする必要があるという意識が少しずつ企業に強くなっている。従来の銀行や取引企業に代わる魅力的な投資家を見つけなければ，市場から陶汰されかねないという意識も強くなっている。ただし，自社に都合の良い情報だけを開示しようというのは間違っている。2000 年前半にネットバブルという現象があり，その後はじけて多くのネットベンチャーの株価が低迷したが，この背景には流通する株式を少なくし，しかも，自社に都合の悪い情報は流さないという状況があり，それが市場をゆがめた。

企業の情報は，自社に都合の良い情報であれ，都合の悪い情報であれ，すべての情報をタイムリー・ディスクロージャー（適時情報開示）するようにしなくてはならない。1999年9月，東京証券取引所は，企業の財務内容や事業内容に影響を及ぼす重要な事実が発生した場合，できるかぎり速やかに情報を開示することを規則により義務づけた。

今後IRが本格的に進むようになれば，新しい株式市場においてはさまざまな尺度に基づいて企業の評価がなされ，総合的指標として株価が決まるようになる。

そして，従来の株式市場が「物的資産」と「金融資産」を元手にして得られる価値を簿価で評価し，外部の投資家である株主に価値インディケーターを提供していたとすれば，新しい株式市場は，その2つの資産にさらに「顧客資産」，「従業員資産」，「サプライヤー資産」，「組織資産」を加えた総資産がどのような価値を生み出しているかを，株主満足度，顧客満足度，従業員満足度の3つの観点から価値インディケーターを提供するものとなる。

「プロローグ」でも紹介したが，アメリカ企業の時価資本総額に対する株主資本の比率の推移を見ると，時価と簿価の乖離（かいり）が拡大し，企業の価値創造に果たす無形資産の役割が大きくなっていることがわかる。1978年から98年までの20年の間に，全企業の非簿価価値（時価から簿価を差し引いた値）の時価価値に対する割合は，5%から72%に拡大した。これは，新しいヴァリュー・ダイナミクスに「顧客資産」，「従業員資産」，「サプライヤー資産」，「組織資産」が加わったためである。このようにして，今や価値を計る指標としては，売上高，利益などに代わって，株価と株式数をかけた「時価総額」がクローズアップされている。

これに対しては，同じ株式市場といってもアメリカの株式市場と日本のそれとは事情が異なるという反論もありえよう。確かに，東京証券取引所第1部と第2部の合計とニューヨーク株式市場を比較すると，上場企業数，「時価総額」いずれにおいても1990年末にはほぼ拮抗していたものが，2000年末には，上場企業数において約7割，「時価総額」において3割弱となっている[3)]。また，東証マザーズやナスダック・ジャパンなどの市場も厚みという点からすれば，アメリカのナスダックなどには程遠い。

日本の市場は“市場の厚み”という点では問題を抱えており，価値を計る指標を十分に提供できる機能を有しているとはいえない。しかし，日本の企業も2001年から株式をニューヨーク市場の上場するものが増加しようとしている。日本企業のニューヨーク市場への上場は，1970年にソニーが上場して以来2000年9月上場のキャノンに至るまで30年間で15社を数えるだけであったが，半導体製造装置メーカー大手のアドバンテスト，NEC，NTTドコモなどの企業が今後2，3年のうちに13社程度が上場する動きを見せるなど，ここにきて一挙にふえようとしている。その背景には，知名度や資金調達力の向上のほかに，株式交換を利用した企業の合併や買収などのM&Aを進めやすくしようというねらいが働いていることがある[4)]。

しかも，株式市場自体が世界的な合併や提携の時代にはいっている。東京証券取引所はシカゴ商品取引所との間で同一の指数先物を上場し，取引する方策やシステム開発などでの共同プロジェクトを進めている。この提携には，従来シカゴ商品取引所との提携してきたロンドン国際金融先物取引所も加わる可能性が高い。ナスダックもロンドン証券取引所との合弁取引所の設立に向けて秒読みの体制にある。

2000年，東京証券取引所の他ニューヨーク証券取引所，ユーロネクスト（パリ，アムステルダム，ブラッセルの3取引所が合併してできたヨーロッパの証券取引所），香港証券取引所などの世界8大証券取引所が，それぞれの市場をネットワークで結び，上場株式を24時間取引する「グローバル・エクイティ・マーケット」構想を打ち出した。今後紆余曲折は予想されるものの，01年にフィージビリティ調査を行い，2年以降具体化される予定である。株式市場は今や同一の機能を投資家に提供する方向に動きつつあり，その過程で「時価総額」が日本企業の価値を計る指標として一般化していくものと考えられる。

第三者機関による価値の評価

ただし，このように新しい株式市場の機能が登場するといっても，それだけに頼るというナイーブな姿勢は禁物である。1997年夏からのアジア通貨危機からの教訓は，グローバル資本市場は時として投機性を有することがあり，そこからの指標に全面的に依存するわけにはいかないということである。しかも，株式市場において投資信託や年金基金などの機関投資家の役割が増加するにつれて，機関投資家がどのような株を買い，それをいつ売るのか判断して決めるのは，運用担当者であるファンド・マネージャーとなっている。

アメリカの場合，ファンド・マネージャーは成功報酬であるのが普通であるから，ファンド・マネージャーは短期間に成績を上げようとして，投機に走る傾向があるといわれている。また，エリサ法と呼ばれる法律や判例などによりいわゆる「プルーデントマン・ルール」が確立されており，そのルールに基づいてファンド・マネージャーの善管注意義務(受託者に善良な管理者としての義務を課す）や忠実義務（受託者に委託者の命に忠実である義務を課す）などの規制が設けられているが，日本の場合，このようなファンド・マネージャーに対する義務づけがしっかりしていない。

したがって，日本の場合は持合いの解消が進んだといっても，ファンド・マネージャーが投資信託会社や証券会社の利益を最大化するよう運用する傾向があることから，株式の売買が投機的になる危険性をはらんでいる。ここで株式市場のよる価値の評価を補完するものとして，第三者機関による評価システムを構築しなければならない。

先行するアメリカでは，企業の資産評価が広く社会的に認知されている。評価自体は法律により義務づけられているわけではないが，M&Aなどをはじめとして多くの場合に鑑定評価（アプレイザル）が行われている。すでに資本市場においては，引受幹事証券会社が第三者評価機関を活用することが一般化している。その第三者評価の具体的な尺度となるのが，**2**-2で解説したEVAである。

新しいヴァリュー・ダイナミクスの実例

このように，新しいヴァリュー・ダイナミクスにおいては，従来の「物的資産」，「金融資産」に「顧客資産」，「従業員資産」，「サプライヤー資産」，「組織資産」が加わった総資産がネットワークを組んで「超企業」を構成し，価値を創造するというのが実像である。

こう述べても観念的な議論では必ずしも説得力がないかもしれない。前出のアーサー・アンダーセン『バリューダイナミクス』は，こうした新しいヴァリュー・ダイナミクスの実例を分析しているので，それを紹介することにしよう。

まずは，新しく資産として加わった「顧客資産」，「従業員資産」，「サプライヤー資産」，「組織資産」を元手にして価値を創造しているケースである。

❶ 「顧客資産」を元手にして価値を創造しているケース：チャールズ・シュワブ

チャールズ・シュワブは，株式市場におけるディスカウント・ブローカーである。1970年代，ディスカウント・ブローカーとしてサンフランシスコに登場したチャールズ・シュワブは，90年代，ディスカウント・ブローカーとしての常識（取引手数料を割り引く代わりに，銘柄の推奨をしない）をぶち破り，株式市場に関するあらゆる情報を提供し，顧客の投資決定を支援するプログラムを開始した。その結果，95年までに顧客は340万口座に達した。

この顧客基盤のもとに，この95年に他社に先駆けてオンライン取引に進出し，固定費を劇的に削減することに成功した。現在では取引の半数以上がオンラインで行われ，schwab.comで取引している新規顧客の約60％に及ぶ。今やチャールズ・シュワブは，640万口座という膨大な顧客基盤をもつ企業にまで成長している。

98年，この基盤のもとに新規公開企業の幹事証券会社としての業務に進出した。これは新規公開会社と640万口座の顧客基盤をつなぐもので，オンラインの顧客データベースを活用して，新規公開株式に関する情報を興味のありそうな顧客にワン・ツー・ワンで提供し，株式投資につなげるものである。新規公開会社にとっては，チャールズ・シュワブが幹事証券会社となると，投資家の裾野を拡大し株価を上昇させる可能性があることから，非常に人気のあるプログラムになっている。

❷ 「従業員資産」を元手にして価値を創造しているケース：スターバックス

1971年，シアトルで設立されたスターバックスは，今や年商17億ドル，全米に2,100店舗以上を有する世界一のコーヒー専門店に成長している。日本をはじめとする海外にも積極的に進出している。スターバックスの成長を支えたものは，従業員に対する福利厚生の充実である。スターバックスの会長・CEOであるハワード・シュルツの次の言葉はそのことを物語っている。

「皮肉な事実だが，小売りや飲食業者が顧客サービス向上に必死になっている間，その従業員はあらゆる産業のなかで，最低の賃金，最悪の福利厚生という冷遇に甘んじてきた。彼らは，実は会社の心臓部であるだけでなく，顧客に対する顔でもあるのだ。すべての収益は彼らの手を経て実現される」。

スターバックスは，レストランや小売りの平均水準よりも高い賃金を支払い，他社では見られない福利厚生プログラムを用意し，アメリカでは任意保険となっている健康保険もアルバイトを含む全従業員に対して提供している。

“ビーンストック”（コーヒー豆と童話の『ジャックと豆の木』からきており，従業員の努力により，ジャックの豆の木であるスターバックスが空にまで届くという願いを込めている）と呼ばれるストック・オプションについても全従業員に対して提供されており，スターバックスの従業員資産を価値に転化させるドライビング・フォースとなっている。現在スターバックスは，人事担当副社長に途上国援助のNGOで働いていたリー・ゲルブを採用し，新しい人事政策を展開している。

❸ 「組織資産」を元手にして価値を創造しているケース：アイディア

ラボ

アイディアラボは，1996 年にカリフォルニア州パサデナに設立されたベンチャーのインキュベーション企業である。優れたアイデアを発掘し，インターネット関連事業として成功させることに特化した事業を行っており，99 年時点で 25 以上のアイデアを事業化している。

優れたアイデアを持ち込んだものは，アイディアラボから 25 万ドルまでの資金提供を受け，各企業は事業化に取組む。アイディアラボは，戦略的アドバイス，オフィススペースとネットワーク環境，開発や技術に関するコンサルティング・サービス，グラフィックデザイン，マーケティング，競争力調査，法務，経理および事業開発を支援する。

こうしたベンチャーのインキュベーション企業は数多くあるが，アイディアラボがユニークなところは，保有した各企業の株式の大部分を後で経営者や従業員に譲渡してしまうことである。

ベンチャー企業の場合，会社の所有権がどうなるかは経営者や従業員の最大の関心事の 1 つである。特にベンチャー経営者には，投資や支援の代償として株式を渡した場合，将来の会社の支配権を握れないのではないかという不安がつきまとう。アイディアラボのビジネスモデルは，このような不安に対処し，会社の所有権を事前に保障するのである。所有権の保障は，業績への意欲を促し，これにより経済的価値が大きくなる。結果として，アイディアラボの収益も向上する。アイディアラボのビジネスモデルは，新しいインキュベーションの仕組みが「組織資産」となり，革新能力という別の「組織資産」を強化することを可能にしている。

次に，「物的資産」，「金融資産」という従来の資産を元手にして価値を創造しているケースである。

❹ 「物的資産」を元手にして価値を創造しているケース：ウィリアムズ・カンパニー

ここでいう「物的資産」には，土地，建物，機械および棚卸資産が含まれる。21,000 人の従業員を擁し，全米最大の天然ガス輸送企業であるウィリアムズ・カンパニーは，こうした「物的資産」を元手にして新しい価値を創造した企業である。

1984年，ウィリアムズ・カンパニーは天然ガス輸送パイプラインの中に光ファイバーを通し，当時規制緩和が実施されて間もない通信業界の新興企業にリースするという事業に乗り出した。今やウィリアムズ・カンパニーは19,490マイルの光ファイバー・ケーブルを運用するまでに至っている。将来は，33,120マイルの光ファイバー・ケーブル網をつくろうという計画である。この結果，94年半ばから99年半ばまでの5年間に，同社の株価は4.8倍も上昇した。

❺「金融資産」を元手にして価値を創造しているケース：ゼネラル・エレクトリック

ジャック・ウェルチに率いられてきたゼネラル・エレクトリック（GE）は，今や世界で最も成功している企業の1つである。その成功の秘訣は，従来のビジネスドメインであった家電製品メーカーとしての「物的資産」ではない。GEが成功している主な理由は，子会社のGEキャピタルが年間550億ドルもの収益を計上していることにある。

GEキャピタルは，1930年代GE製家電製品の販売促進のために，消費者の資金繰りを支援する会社として始まった。今やリース，商業ローン，住宅ローン，クレジットカード業務などを行う巨大な金融サービス機関となっており，GEキャピタルの28の事業が，GEの純利益の40％以上をうみだしている。

特にリースとしては，GEキャピタルは世界最大のリース会社であり，リース対象には自動車，鉄道車両，トラック，飛行機，そして，驚くべきことに人工衛星まで含めれている。GEは，GEキャピタルのこのような「金融資産」を元手にして価値を創造しているのである。

クリック・アンド・ブリック

このように価値をうみだす資産を多角的に考えてくると，これからの価値は，新しい資産と古い資産の結合によってうみだされてくることが容易に理解できる。

近年のe-ビジネスの動向を振り返ると，ようやくこのことが関係者の間で認識されてきたようである。1999年までは，B-to-Bにしろ B-to-Cにしろ，関係者のe-ビジネスへの関心はネットにのみ払われてきた。インターネットの空間のみで電子商取引をするようなビジネスモデルがもてはやされた。パソコンを“クリック”することがすべてであると考えられてきた嫌いがある。

しかし，例えば電子商取引の場合であったも，ネット上でできる取引は顧客の誘因と受発注までであり，その後のモノのディリバリーは従来のように物理的手段に依存せざるをえない。このような伝統的な分野を関係者は“モルタル”と称したが，この“モルタル”をわれわれ人間は無視することはできない。

むしろ，今のままではこの“モルタル”の価値は低く評価されることから，これに新しい資産を結合させることにより得られる価値の増加分は，“クリック”だけで新しい価値を創造するよりも大きいと考えられる。2000年に入り，B-to-Cのビジネスモデルがうまくいかないことが白日のもとになったとき，このことが関係者の間で認識されるようになった。

バーチャルな部分の多い金融サービスですら，“クリック”だけではなく“モルタル”との結合が重要であることが認識されている。前出のチャールズ・シュワブの共同CEOであるデビッド・ポトラックの次の言葉は，そのことを物語っている。

「e-ビジネスの未来は，リアル対バーチャルの対決にはない。シュワブで『クリック・アンド・モルタル』と呼ぶような，両者の良い部分を取り入れ，融合させることにある」。「ビジネスのやり方について，オンラインと従来型の方法のどちらかというような二分法的な考え方には間違いがある。なぜならわれわれは皆，必ず現実の世界のなかに存在するからだ」。

前述のように，新しいヴァリュー・ダイナミクスにおいては，従来の

「物的資産」,「金融資産」に「顧客資産」という“古い資産”に,「従業員資産」,「サプライヤー資産」,「組織資産」という“新しい資産”が結合して,ネットワークでつながった「超企業」が価値を創造する。

アーサー・アンダーセンは,前者の“古い資産”を“モルタル”ではなく“ブリック”と呼んでいる。おそらく,モルタルを塗るという行為で表現するよりもレンガを積み上げていくという行為のメタファーの方が,前者の“古い資産”を“クリック”との対比においてうまく表現しているということであろう。

ニューヨーク株式市場の「時価総額」の企業トップ10(テン)を見ても,1999年末はマイクロソフト,ゼネラル・エレクトリック,シスコシステムズ,ウォールマート,エクソンモービル,インテル,ルーセント・テクノロジー, AT&T, IBM,シティグループというように“クリック”の企業が数多く名を連ねたが,2000年末はゼネラル・エレクトリック,エクソンモービル,ファイザー,シスコシステムズ,ウォールマート,マイクロソフト,シティグループ,アメリカン・インターナショナル・グループ,メルク,インテルの順となって,「クリック・アンド・ブリック」の企業が多くなっている。

いずれにしても,“ポストBPO”戦略の段階におけるe-ビジネスは,「クリック・アンド・ブリック」で表現される“古い資産”と“新しい資産”との結合による価値創造である。

eからEへ

この「クリック・アンド・ブリック」と同様に,最近「eからEへ」ということもいわれるようになってきた。また,ベンチャー企業のドットコムから大企業のドットコム化が始まったということで「ドットコム」から「ドットコーポレーション」ということもいわれている。

e-ビジネスという場合,ベンチャーが行うのは「スモールeのe-ビジネス」であって,実際にITが活用される効果・インパクトは,ベンチャーが行うe-ビジネスよりも,大企業が行う「ラージEのE-ビジネス」方が大きい。これは，大企業の方が従来の「物的資産」，「金融資産」という“古い資産”を保有しており，これに「顧客資産」，「従業員資産」，「サプライヤー資産」，「組織資産」という“新しい資産”が結合して，ネットワークでつながった「超企業」が価値を創造するほうが価値の増加分が大きいと考えられるからである。

新しい資産管理の手法

新しいヴァリュー・ダイナミクスのもとでは，資産は価値をうみだす元手である。そうした資産の管理がうまくないと，資産価値が低下し，企業の時価を引き下げることも起こりうる。この場合，「物的資産」，「金融資産」という“古い資産”のみならず，「顧客資産」，「従業員資産」，「サプライヤー資産」，「組織資産」という“新しい資産”にも，それぞれのライフサイクルがあり，その獲得・購入，管理，更新，処分が必要になる。

建築物は建築，あるいは購入され，管理され，ときどき改修され，いずれは取り壊されたり処分される。インターネット関連機器は，購入され，使用され，ときには機能アップされて，最終的には処分される。

それと同様に，顧客は獲得され，企業との関係が顧客データベースにより管理され，新しい商品やサービスが開発された場合は，その商品やサービスに移っていく場合もある。また，従業員は，採用され，管理され，訓練され，ときには異動し，最終的には退職する。このように“新しい資産”も，① 獲得・購入，② 管理，③ 更新，④ 処分が行われるというライフサイクルを有している。

では，“新しい資産”の① 獲得・購入，② 管理，③ 更新，④ 処分に関する具体的手法とはどのようなものであろうか？『バリューダイナミクス』を参考にして述べてみよう。「物的資産」，「金融資産」という“古い資産”のライフサイクルは，次のようで，資産管理の手法は確立されている。

	① 獲得・購入	② 管理	③ 更新	④ 処分
「物的資産」	需要評価と購入	管理	改修・修理	処分
「金融資産」	オファーの評価と構築	財務管理	財務業務の再編成	処分

これと同様に，“新しい資産”のライフサイクルは，次のようになっており，今後資産管理の手法を確立していかなければならない。

	① 獲得・購入	② 管理	③ 更新	④ 処分
「顧客資産」	需要理解と商品提供	商品配送とサービス提供	新製品・サービスの開発	顧客関係の終了
「従業員資産」「サプライヤー資産」	需要評価と採用	関係の開発と管理	事業に対する支援と報償	関係の再定義
「組織資産」	需要評価と構造開発	システムとプロセスの開発と管理	知識の明文化と共有	資産の取扱い変更

新しい資産管理の基準

このような新しい資産管理の手法の確立とともに，新しい資産管理の基準の確立が必要である。この両者が“車の両輪”となって新しいヴァリュー・ダイナミクスが具体的に進展する。このためには，① それぞれの資産をどの程度保有しているか（資産保有量），② 価値創造の過程で資産はどの程度変化しているか（資産変化度），③ どの程度効率的に資産は価値に変化しているか（価値創造効率性），の3つの指標を開発する必要がある。

ここでも前出の『バリューダイナミクス』を参考にして述べてみよう。まず，「物的資産」，「金融資産」という“古い資産”においては，次のようになっている。ここにおいて，「物的資産」の資産管理の基準は確立されているが，「金融資産」については課題も残されている。いずれにしても，「金融資産」は，価値創造主体と価値形成プロセスの両面において，「物的資産」とは性格を異にしており，今後独自の基準が確立される必要がある[5)]。

	資産保有量	資産変化度	価値創造効率性
「物的資産」	在庫品 固定資産投資 オフィス面積	在庫回転率 減価償却 オフィス面積拡張	在庫保有費用 総資産利益率 機械稼働率 不動産稼働率
「金融資産」	投資価格	フリー・キャッシュフロー	投資収益率
	当座現金	売掛金未回収日数	従業員ごとのキャッシュフロー
	負債対資本比率		

これと同様に，“新しい資産”については次のようになっており，今後資産管理基準を確立していかなければならない。

	資産保有量	資産変化度	価値創造効率性
「顧客資産」	顧客数 市場シェア	顧客回転率	顧客満足度 顧客収益率
「従業員資産」	従業員数	従業員回転率（維持率）	従業員収益率 調達コスト 従業員の戦略理解度
「サプライヤー資産」	サプライヤー数	戦略的基準を満たすサプライヤーの数	サプライヤー変更能力
「組織資産」	保有特許数	研究開発費用	研究開発費用とライセンス収入の割合
		資産継承計画	事業戦略の成功 商品開発後3年以内の収益

“新しい資産”の資産管理基準に関して，EVA の計算式のなかの投下資本には，無形資産も含まれていることに注意する必要がある。すなわち，

EVA = NOPAT（税引後事業利益）－資本費用（=投下資本×資本コスト）

で計算されるが，この式の投下資本には無形資産が含まれている。

しかし，無形資産に関しては，市場がその価値を的確に評価することが難しいことから，市場評価を尊重しつつも，無形資産に基づく適正な価値（=市場価値とは一定の距離をおいた企業本来の価値）を評価して，経営ビジョンの確立や投資の判断に役立たせようという方式が開発されている。

こうした資産評価には，① コスト・アプローチ，② マーケット・アプローチ，③ インカム・アプローチの3つがある。

① のコスト・アプローチは，同等のものの再生産価格または再調達価格から，物理的劣化，機構的後退または経済的後退を差し引くものである。ただし無形資産については，同等のものの再生産価格または再調達価格そのものの算出が難しいところから，② のマーケット・アプローチないし，③ のインカム・アプローチのいずれかが活用される。

② のマーケット・アプローチは，活発に取引が行われている類似会社（ガイドライン・カンパニー）を複数ピックアップし，それぞれの企業について，事業の性質，事業の立地，市場リスクなどの項目の類似度を判定し，企業間のウェイトを決定する。具体的には，各ガイドライン・カンパニーの市場価格に対する収入および利益の割合を加重平均し，評価目的のための倍率を算出する。そして，評価対象会社に収入，利益にこの倍率を乗じて，価値を決定する。さらに，その会社の経営の素晴らしさを割増価値（コントロール・プレミアム）として，上乗せする。

③ のインカム・アプローチには，キャッシュフローの収益還元の考え方をとるもので，割引キャッシュフロー法と直接還元法の2つの手法

がある。

割引キャッシュフロー法は，収益が安定していない場合に使用し，収益が安定していれば直接還元法が適用される。この方法は，評価対象企業の事業計画各期のキャッシュフローを経済環境，事業環境などの観点から検証し，これを適切な割引率で現在の価値に引き直す。使われる割引率は，株主資本コストと負債コストを加重平均した加重平均資本コストが使われる。

直接還元法は，その企業の安定収益（キャッシュフロー）を残余価値と捉え，これを一定の還元率で資本還元し，さらに加重平均資本コストで現在価値に引き直す。

実務的には，このようなインカム・アプローチを基本としつつ，幹事証券会社が類似会社（ガイドライン・カンパニー）との比較をベースに機関投資家をヒアリングして価値を決めていく，いわゆるブック・ビルディング方式が主流となっている。

資産ポートフォリオ戦略

資産管理を行ううえでは，以上の新しい資産管理の手法や新しい資産管理の基準を確立するだけでは足りない。資産全体の管理，すなわち1つの資産と別の資産の「連携」，1つの資産の別の資産への「転換」，他社による競合可能なポートフォリオ構築を費用的，または技術的に難しくする「防止」，それぞれの戦略が必要となるからである。逐次述べてみよう。

❶　1つの資産と別の資産の「連携」

これは，例えば顧客が直接サプライヤーに発注できる仕組みをつくり，「顧客資産」と「サプライヤー資産」とを結びつけることなどを指している。この「連携」戦略の典型は，自社の商品・サービスだけではなく，他社商品・サービスまでも顧客に提供する場合である。この場合は，「顧客資産」と他社の「物的資産」を結びつけていることになる。

また，他社の「物的資産」，「金融資産」という“古い資産”のみならず，「顧客資産」，「従業員資産」，「サプライヤー資産」，「組織資産」という“新しい資産”をも獲得するという「連携」もある。1998年，コンパックは96億ドルでDECを買収したが，このときは両社の会社資産を整理し，コンパックの商品をDECの顧客に提供するとともに，DECのセールス部門がコンパックの法人顧客にコンタクトとできるようにした。

❷　1つの資産の別の資産への「転換」

新しい価値の創出のためには，さらに思い切った行動が必要な場合がある。これは，「物的資産」，「金融資産」，「従業員資産」などの処分，損切り，リストラなどで見られる手法である。

より積極的にこの「転換」戦略を活用しているケースとしては，インターネットのルーターで世界一のシェアを有するシスコ・システムズがある。シスコ・システムズの会長・CEOであるジョン・チェンバーズが，シスコをフルサービスのプロバイダーに変身させようと考えたとき，シスコにはそのための研究者・技術者よりなる「従業員資産」や保有特許などの「組織資産」が存在しなかった。

そこで，チェンバーズはシスコの株高に目をつけて有望な他社との株式交換を行い，積極的なM&A戦略を展開することによって必要なスタッフを入手した。すなわち，シスコはその「金融資産」を活用して「従業員資産」に「転換」したのである。続いて，シスコは獲得した優秀な研究者・技術者を活用して，特許権などの知的所有権を数多く獲得していった。また，ノウハウの社内での蓄積も図った。これは「組織資産」である。その次にシスコが行った戦略は，特許権などの知的所有権に関して外部へのライセンス契約を推し進め，収益を確保したことである。

このように，シスコは「金融資産」を活用して「従業員資産」に「転換」し，得られた「組織資産」をさらに「金融資産」に「転換」していったのである。そこにダイナミックな資産の「転換」過程を見ることができる。

❸　他社による競合可能なポートフォリオ構築を費用的，または技術的

に難しくする「防止」

これは自社の資産ポートフォリオの優位性を活用して，競合他社による市場参入を費用的，または技術的に難しくすることである。

その例は，デル・コンピュータの“Be Direct”と呼ばれるビジネスモデルに見ることができる。これはインターネットなどで直接パソコンの注文を受け，在庫をもたずにそのパソコンを低価格で消費者に届けるという，**4-1**で説明した「BTO」(Built-to-Order) をさらに発展させて，ウェブ上でのワン・ツー・ワンのサービス提供にまでを含んだビジネスモデルであるが，在庫を抱えている他社は，デルのような低価格を実現するのは難しい。また，新しいウェブ技術が登場した場合でも，デルのようにその技術を素早く採用することも難しい。

デルは，在庫圧縮によってそのコストを劇的に低下させている。それはデルの資産戦略の中核であるとともに，競合企業の出現を「防止」する戦略でもあるのである。

7-4　真の価値を生むために！

21世紀のビジネスモデルを決めるもの

以上，本章で論じてきたことを要約すれば，① “ポストBPO” 戦略として価値創造が必要なこと，② そのためには新しいヴァリュー・ダイナミクスを構築すべきこと，の2点である。

ここで最後に問われなければならないのは，「価値とか何か？」ということである。たびたび登場したが，創造される価値を表すEVAは，次の式で計算される。

EVA ＝ NOPAT（税引後事業利益）－資本費用

したがってEVAを高めるためには，NOPATの前提となる事業利益を高める必要がある（この他に，資本費用を最小化することもあるが，この点については**3**章で述べた)。では事業利益を高め，ひいては価値を高めるためにはどうしたらよいのであろうか？

そもそも，これからのビジネスモデルの究極の目標が価値の創造であるとすれば，「価値」の実態を明らかにしないで，“ポストBPO”戦略やそのための新しいヴァリュー・ダイナミクスだけを論じても「画竜点睛を欠く」ことになりかねない。では，ここでいう価値はどのようにすれば高められるのであろうか？

何もギリシャ時代のアリストテレス以来の哲学的な議論を展開しようというのではない。われわれが問題にしなければならない価値とは，21世紀のビジネスモデルにおける価値である。21世紀においては新しいビジネスモデルが登場している。それは，従来の「ハード」，「ソフト」に「サービス」そしてさらに「ネットワーク」が加わったものである。

ビジネスモデルの“第1世代”は，「ハード」に関するものであった。続いて，コンピュータ，ソフトウェアの登場により，「ハード」＋「ソフト」に関するものが“第2世代”のビジネスモデルとなった。

さらに続いて起こったのは，経済のサービス化に伴って「サービス」が「ハード」+「ソフト」を包み込みようにしてビジネスモデルの決定的要素になってきたことである。「ハード」や「ソフト」が通常は売切りであるのに対して，「サービス」は「ハード」や「ソフト」が使われている間は，繰り返し需要が生まれる可能性がある。「サービス」∫(「ハード」+「ソフト」) とでも表現することができるだろう。“第3世代”のビジネスモデルである。

「IT革命」のもとで登場しているビジネスモデルは，さらに発展したものである。最近では，「ソフト」についてもASPというサービスが登場した。また，e-BPOは人事管理，会計，経理，場合によっては調達，販売といった「サービス」を「ネットワーク」上で提供するものである。これはまさに“第4世代”のビジネスモデルというべきもので，「ハード」と「ソフト」を組み合わせて，それを「サービス」でパッケージ化させたうえで，さらに「ネットワーク」上で多重に利用しようというモデルである。「ネットワーク」∬{「サービス」∫(「ハード」+「ソフト」)}とでも表現することができるだろう。

「ネットワーク」の効果については「メトカーフの法則」が提唱されている。これは「ネットワーク」上のプレーヤーの数を n とすれば，「ネットワーク」によりうみだされる価値は n^2 になるというものである。この「メトカーフの法則」が作用する“第 4 世代”のビジネスモデルの価値創造効果は計り知れないものがある。

「価値とか何か？」：ビジネスモデルからの問いかけ

こう整理すると，ビジネスモデルからの問いかけである「価値とか何か？」という設問に答えやすくなる。

“第 4 世代”のビジネスモデルが意味するところは，価値として捉えられる対象は「ハード」，「ソフト」，「サービス」，「ネットワーク」のいずれか，あるいはそれらの組み合わせであるということである。

「IT 革命」の到来が唱えられるようになってここ数年，“クリック”が価値だとか，いや“モルタル”や“ブリック”も重要なのだとか，ビジネスモデルの転換によりどのような価値を創造していくのかについて，いろいろな試行錯誤があった。この点に関しては，現在では，両者の結合が重要であるという認識が共有され，「クリック・アンド・モルタル」ないし「クリック・アンド・ブリック」で表現されるビジネスモデルを構築していかなければならないという方向に収斂(しゅうれん)してきた。

では，「クリック・アンド・モルタル」ないし「クリック・アンド・ブリック」のなかで価値とは何を目指すのか？　この点に関しては，依然として議論の方向に霧がかかっているというのが実状であろう。

稀少性を有するものこそ価値！

ここでは，ビジネスモデルの究極の目標として「価値」を捉えることとしよう。では，このような「価値」は，どのようなものであろうか？

結論を先に言おう。

稀少性を有するものが価値であり，オンリー・ワンの価値を創造しなければならない

これがビジネスモデル論の究極の回答である。「価値とは何か？」。このことは，人間が経済活動を開始して以来取り組んできたテーマである。この何千年にわたるテーマのなかで，その回答として唯一の，そして一貫した回答は，「稀少性を有するものこそ価値である」ということである。

これは，人間が経済活動を行う以上不変の回答であり，「IT 革命」の到来に伴って，"クリック" だ，いや "モルタル" や "ブリック" だとか，"クリック" と "モルタル" や "ブリック" との組み合わせが大事だとかいわれて評価軸がぶれても，この基軸さえ見失わなければ，21 世紀に通用するビジネスモデルを構築することができる。

ただし，何が稀少かを決める稀少性に関する価値軸は時代とともに変化する。ここがポイントである。われわれに必要なのは，「稀少性を有するものこそ価値である」ということを基軸として見失わないようにしながら，21 世紀という新しい時代の価値軸を発見することである。

ビジネスの価値軸の変化：スマイル・カーブ

価値軸の変化という観点からみると，1990 年代から 2000 年以降にかけては，ビジネスの価値軸が大きく変化していることが注目される。このことを，図表 7-3 で示すスマイル・カーブによって見てみよう。この図表は，横軸に産業の形態を素材・材料，加工・組立，サービスの 3 つに分けてとり，縦軸に利益率をとってそのカーブを見たものである。

この図表が示すように，1980 年代の利益率のカーブは真ん中の加工・組立が高く，両サイドが低い "お椀（わん）型" となっているのに対して，90 年代以降の利益率は，これとは逆に，真ん中が低く両サイドの素材・材料とサービスが高い "スマイル型" となっている。このカーブを，人が笑ったときの口元に似ているということでスマイル・カーブと呼ぶ。

図表 7-3　スマイル・カーブ

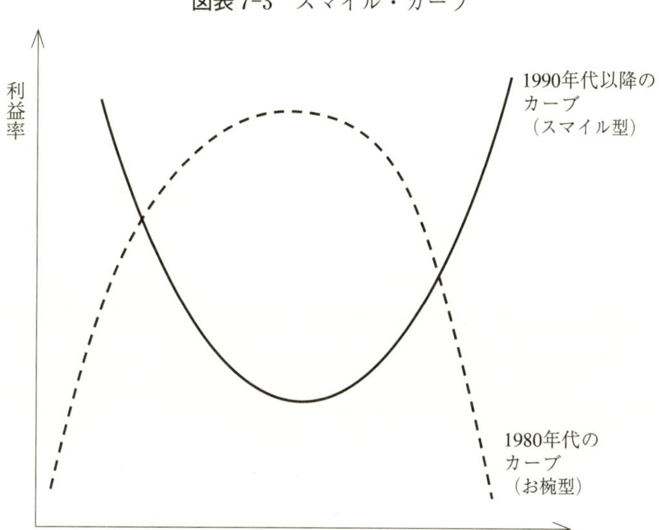

（資料）　加藤作成。

なぜ，このような逆転が起こったのであろうか？　これを説明するのは稀少性である。1980 年代から 90 年代にかけて，稀少性の転換が起こったのである。このことが利益率カーブの劇的な逆転を招いた。ポイントを解説してみよう。

1980 年代においては，自動車，電気機器，電子機器などの完成品がいまだ市場に行き渡っておらず，稀少性を有していた。そのため，それらの完成品をつくる加工・組立が最も利益率が高かった。稀少なものにより多くの価値を与えるのが鉄則であり，そこにお金が集まり，関連する事業が高い利益率を享受することができた。ただし，こうした完成品は 80 年代末に市場にあふれることとなった。アジアにおける韓国，台湾，そして中国などが市場へと参入し，供給を開始したことはそれを加速した。それとともに完成品の稀少性は薄れ，そこにお金が集まらなくなり，加工・組立の利益率が急速に低下した。

これに代わって利益率が上昇したのは，両サイドにある素材・材料とサービスである。左端にある素材・材料は，例えば，携帯電話をイメージすればわかりやすいが，どんどん小型化・ミニチュア化し，高機能になる完成品用の高機能部品や素材を供給することが重要になっている。しかも，そのような完成品のライフサイクルがどんどん短縮化してくると，そのような高機能部品や素材の短期間での開発，即座のディリバリーが重要になる。

そこに稀少性が生まれ，素材・材料に関連する事業の利益率が高くなる。この傾向は次第に強くなっており，ある素材や材料の分野では，ある特定の企業しか製造できないという“オンリー・ワン”の企業がふえている。

他方，右端にあるサービスの利益率が高くなったのは，ユーザーの求めるものとの関係である。まず，最終消費財に関しては，人々の生活に商品・サービスがあふれ，ハードの面では人々の欲求が充足されるようになると，人々は「モノ」ではなく，次に「コト」を求めるようになる。従来は製品が主でサービスは製品に付随したものと考えられていたが，その関係が逆転し，サービスが主で製品は従であると考えられるようになる。

例えば，携帯電話はインターネットを閲覧したり，銀行振込ができたりと，情報端末，つまり情報をやりとりするための道具という側面が強くなってきている。また，インターネットに関するビジネスモデルとして，端末であるパソコンはただで提供し，その後継続的にインターネット接続サービスなどを提供して，それで収益を上げるというモデルが登場しているが，これはパソコンを１台１台売って収益を上げるよりも，パソコンはただ（無料）で提供して消費者との関係を構築し，その後その消費者に対してワン・ツー・ワンで継続的にサービスを提供した方が収益率が高いからである。

また，中間財，資本財については，スピードの経済の到来が大きなインパクトを与えた。従来のように品質，価格というパラメーターが重要であることに変わりはないが，スピードの経済は中間財，資本財に対してもそのライフサイクルの急速な短縮という現象をもたらした。e-BPOの段階においては，こうした中間財，資本財の取引もウェブ上で行われることになるが，そこに求められるのは，納期の確実性と短期間のデリバリーである。

しかも，ASPやe-BPOが進んで，情報サービスのみならず，人事管理，福利厚生，経理などのバック・オフィス部門について，自前でもたずにインターネットを介してサービスとして提供を受けるようになると，これらサービス提供により収益を上げるビジネスモデルも登場してくる。

サービスについては別の要因も登場している。今「IT革命」が広範に進展しているが，「IT革命」がある程度を超すと情報は当り前となり，むしろ人間的接触の意義が高まることになる。市場取引の要因は単に情報処理コストだけではなく，「信頼」という要因も必須である。IT技術は直接的には信頼には働きかけられず，信頼はあくまで人間の接触というものが基礎になる。

この段階においては，「ネットワーク」はこれらのいずれかの価値を引き出す“触媒”として機能するだけで，それ自体としては価値を有するものではなくなる。これによりヒューマン・サービスの優位性が増してくる。このことはすでにアメリカのネットベンチャーのビジネスモデルで顕在化している。

例えば，ニューヨークのシリコンアレーで生まれた検索エンジンとして注目を浴びているAbout. comでは，700人のガイドと300人のアソシエイト・ガイドが分野別に張り付いて，毎日あらゆるウェブに目を光らせて木目の細かい検索サービスを提供している。

また，シリコンバレーのネットベンチャーであるSurfmonkey. comは子供向けのポータルサイトであるが，利用者の信頼を獲得するため，オンライン・ショッピングでの販売に関し，売上げの最大20%を利用者が指定先に寄付する仕組みをネット上で運用している。

このことは，「IT革命」が進めば進むほど，差別化の道具としての

IT 技術の意義は低下し，人のネットワークの価値を高める方向へ機能することを示している。このような歴史の揺り戻しが急速に進んでいるのがネット社会の実状である。

こうして，1980 年代から 90 年代にかけて，稀少性の転換が起こりビジネスの価値軸が加工・組立から素材・材料とサービスへと変化した。

日本企業が創造すべき 3 つの価値：「ハード」，「ソフト」，「サービス」

このように議論を展開してくると，21 世紀において日本企業が目指すべきビジネスモデルの方向性は，21 世紀における稀少性に裏打ちされた価値のあるもの，すなわち，素材・材料とサービスの 2 大分野で価値を創造することを基本とすべきであろう。

❶ まず第 1 の方向性は，新しい“ものづくり”である。

すなわち，素材・材料に徹底的にこだわり，その方向を純化させていくというものである。「ハード」へのこだわり戦略といえる。

例えば，自動車部品のなかには 100 分の 1 ミリ，1,000 分の 1 ミリ（1μ：ミクロン）の精度を要求するものが出てきており，それに対応する工作機械が求められている。さらに CD（コンパクトディスク），MD（ミニディスク），DVD（デジタル・ビデオカセット），DVT（デジタル・テープレコーダー）などの普及で，ますます精度をもった工作機械が要求されている。すでに直径3ミリの球形の中に，日本の伝統芸能の能面を彫刻することが可能な工作機械のモデルも出てきている。その能面の線隔は 1μである。このような超精密加工技術は，それに特化したオンリーワン企業によってはじめて可能となる。

ここで肝心なのは，超精密加工技術を一歩進めて原子や分子レベルで微細加工・制御する「ナノテクノロジー」を官民あげて開発していくことである。2000 年 2 月，クリントン前アメリカ大統領は予算教書のなかで「ナノテクノロジー」を国家的プロジェクトとして研究開発していく方針を明らかにしている。先行している日本も負けてはいられない。ナノ構造による新現象の解明，量子レベルの制御，ナノデバイス，ナノスケールのバイオシステムの開発などを加速化させる必要がある。

オンリーワンへのこだわりが必要なことは，モノづくりの典型といわれる金型でも同様である。群馬県太田市にあるオギハラは，世界一の自動車用プレス金型製造会社である。三菱マテリアルの新潟製作所は，世界一のプラスチック精密金型の製造で知られている。また，関東・甲信越の金型関連企業 15 社が手を組んで 2000 年 2 月に立ち上げた「21 世紀金型会」は，オンリーワン技術をもった金型メーカーが結束して技術的なデータ交換などをしながらお互いの技術を磨きながら，インターネットを利用して国内のみならず海外に対しても，超精密技術を必要とする顧客に金型を売り込もうとしている。

東京の大田区モノづくり企業 10 数社でつくっている「城南ブレインズ」も，このようなオンリーワン戦略と受発注のネットワーク戦略を推進して，効果を上げている。

地域で「ハード」へのこだわり戦略を展開し，世界市場に打って出ようという企業もある。静岡県浜松市に本社をおく浅沼技研がそれで，同社は世界的にも最先端の 3 次元測定システムを開発し，各種の試作部品の加工精度を数値保証するビジネスを世界マーケットを相手にして展開している。長さへのこだわりといえる。

情報ネットワークが進めば進むほど，それを実現するための超小型のハードが必要になる。「ハード」へのこだわり戦略は，情報化の進展とともに優位性をさらに発揮するであろう。

❷　第 2 の方向性は，“ものづくり” とソフトウェアを融合させることである。

このことは，「携帯端末」やインターネット・テレビやインターネット冷蔵庫などの家電にマルチメディア機能をもたせた「情報家電」をイメージすれば，わかりやすいであろう。

幸いにして，コンピュータやインターネットの世界においては，これからの 10 年間程度の期間においては，社会のあらゆる領域にコンピュータをうめ込み，誰もがいつでもどこでも利用できるような「ユービキュタス・コンピューティング」(ubiquitous computing) を実現していくことが課題となっている。

逆にみれば，コンピュータや情報通信だけでは市場は開拓できず，情報技術とモノの徹底した統合（あらゆる人工物にソフトウェアと半導体チップが内臓されている状態）が必要になると考えられる。そのなかで今話題となっている「携帯端末」や「情報家電」が大きく進展していくであろう。

また，日本の中小企業の部品技術や鋳型技術は世界トップ水準にあり，ロボット技術を開花させた日本型メカトロニクスが，今後情報通信技術の導入によってデジタル化を進めて「ネットワーク型メカトロニクス」に成功すれば，最先端の中小企業，ものづくり産業が群生する可能性がある。

大阪市の南港に本社をおくデジタルは，生産ラインの機器監視・制御を行うオープン・ネットワーク対応のプログラマブル表示機を開発している。これは，生産ラインの稼動状況の表示を行うにすぎなかった従来型のものに，通信や演算機能を付加したもので，150 以上のプロトコル，500 機種以上のプログラマブル・ロジック・コントローラー（PLC）を相互接続することを可能にしている。

東京西新宿に本社機能をおくインクスは，西新宿でプラスチック金型の設計を 3 次元 CAD で作成し，それを専用回線で川崎市にあるセンターに送って，そこで光造形装置を使って試作品をつくる。実際の金型制作は，その後 3 次元 CAD 情報を蒲田にある高速金型センターに電送して，高速工作機械で金型をつくり，その後実際にプラスチック成形して最終確認する。この 3 地点でやりとりされる金型設計のデータは，すべてネットワークで処理され，図面として書いた設計図のやりとりは一切ない。これは「ネットワーク型メカトロニクス」のモデルケースである。

さらに，「ITS」(Intelligent Transportation System) なども伸びていくであろう。これは 30 年後の目標として，交通事故死亡件数の半減，交通渋滞の解消，自動車の燃料消費量と CO_2 を約 15％削減し，NOx を約 30％削減することを目標として，情報技術やエレクトロニクスを組み合わせて車を中心とした交通システムの問題点を是正しようというプロジェクトである。具体的には，カーナビの高度化，高速道路のノンストップ料金収受システム，走行支援システム，道路管理の効率化，公共交通の支援などがある。

多様な応用ソフトが必要とされる「携帯端末」，「情報家電」，「ネットワーク型メカトロニクス」や「ITS」の世界は，“ものづくり”における日本的な開発方式をソフトウェアの世界にも応用できる分野である。基本ソフトにおいては 1 人の頭脳が決定的に大きな意味をもつが，応用ソフトの開発は，開発者がある方式を提案し，それに対してユーザーが自ら使いながらその経験や知識を論理的に伝えて改良を進めていくというプロセスにおいてうみだされる。このプロセスは日本が得意としてきた“ものづくり”において開発者とユーザーが行ってきたインターアクションと基本的に同一のものである。

実は，渋谷ビットバレーの動きを克明に見ると，このような動きも起こっていることがわかる。ビットバレーというと，ネットベンチャーというイメージがあるが，そう単純ではない。例えば「サイーバード」のビジネスモデルは，世界で唯一の Java（ジャバ）を極小化する技術を武器にして携帯端末用のウェブサイトのコンテンツを企画・開発・運営するというものであり，「サイーバード」はこれによりアジア制覇を目指している。

今後の課題としては，モノづくりノウハウ・技能の客観化，データベース化を進めるとともに，それをインターネットを通じてモノづくり企業が共有することや，IT に強い専門化・コーディネーターによる人的なサポートを強化することなどが必要であろう。

❸　第 3 の方向性は，“解決”をユーザーに提供するサービスである。

90 年代後半のパラダイムは金融，コンピュータ，情報通信であったが，21 世紀のわれわれの生活，ライフスタイルを展望すると，「健康」・「教育」・「安全」・「環境」や「文化」に大きくシフトしていくであろう。

われわれの生活のまわりを見渡すと，地球温暖化問題，環境ホルモン問題，ゴミ問題，エネルギー問題，食糧問題……等，20 世紀の“大量生産・大量消費・大量廃棄”文明の付けが回ってきている。少子高齢化社会の本格的到来，阪神・淡路大震災やわれわれのライフラインの安全性，二酸化炭素などの地球温暖化ガスの増加やダイオキシンなどの環境ホルモンの汚染がわれわれの生活を脅かしつつあることなど，将来に対する“不安”が高まっている。

この“不安”のなかでいかにアイデンティティの基盤となる文化を創造し，人間の能力を発展させるのかがこれからの人類の課題であり，そこに“解決”（ソリューション）を提供することが求められる。これが，21 世紀のサービスとして提供が期待されている機能であり，ハード，ソフトのみならずネットワークが一体となって提供されるものである。ASP はアプリケーション・ソフトに関するもので，ここでいうサービスの“走り”にすぎない。インターネットが社会の隅々にまで浸透する21 世紀においては，さまざまな“解決”がハード，ソフトのみならずネットワークをも通じて生活者に提供されるようになるであろう。

そして，このハード，ソフト，ネットワークが一体となった形でサービスが提供されるときにおいては，逆説的であるが，人間により直に提供されるヒューマン・サービスが競争条件上優位になる。ネットワークを介したサービス提供が次第に当り前になり，人間による介護などのケアサービス，コンサルティング，アドバイスなどが価値を有するようになる。

このようなサービスの分野としては，「健康」・「教育」・「安全」・「環境」と「文化」の 5 分野である。

① 「健康」における“解決”としては，加速化する高齢化に対応して，高齢者の充実した生活，QOL（Quality of Life）の向上を実現するため，介護施設・サービスの充実や情報ネットワークを活用した地域ケア

ネットワークシステムの構築などに対するニーズが高まるであろう。

② 「教育」においては，少子高齢化社会に対応して本格的な生涯学習，リカレント教育に対するニーズが高まるであろう。

③ 「安全」においては，くまなく張り巡らされた水道・電気・ガスのライフライン，陸海空の交通システム，そして情報ネットワークシステムなどについて，事故，災害などからわれわれの生活を守る“解決”の提示が必要となる。

④ 「環境」における“解決”としては，エネルギーや物質の循環が保証される循環型経済システムへと変革していくため，リサイクル，ゼロエミッションなどさまざまな環境サービスが必要とされる。

⑤ 最後の「文化」は，究極の“解決”である。21 世紀においては，グローバルなベースで知識・価値の交流が進むとともに，差異，違いに基づく意味の創出，デザインの開発などが活発に行われる。また，デジタル技術が極致まで追求されるとともに，デジタル化によって失われる“ゆらぎ”やアナログの感覚が重要視されるようになる。

こうしてデジタル技術と感性の結合した「デジタル感性」の世界が登場し，日本が競争力を有するアニメーションやゲームにとどまらず，映画，音楽，舞台芸術，ファッション，デザインなどさまざまな文化サービスをうみだす。

「利益追求型」から「使命追求型」への変貌

以上，日本企業が 21 世紀のおいて創造すべき価値について述べてきた。最後に，このような価値創造に関して企業が「使命」を認識することの重要性を指摘して，未来へのメッセージとしよう。

ここに『競争力』(原題：*The Productive Edge*) と題する本がある。この本の著者は，アメリカのマサチューセッツ工科大学（MIT）産業パフォーマンス・センター所長のリチャード・レスター教授である。レスター教授は，1980 年代末に出版され，アメリカ産業再生のための課題と解決のための処方箋を提示したとしてのちに評判となった『Made in

America』をとりまとめた中心的な人物である。

『Made in America』が考察の対象とした80年代は，日本の競争力強化・アメリカの競争力低下が進んだ日米逆転の時代であった。すなわち，乗用車生産台数では80年に，半導体生産高でも86年に日本がアメリカを上回った。しかし90年代に至ってからは，アメリカの競争力回復と日本の競争力低下が進み，94年には乗用車・半導体ともに日本を追い抜いて世界第1位の地位をとり戻した。このことを示すようにアメリカ製造業の国内総生産は80年から92年に1.28倍に，労働生産性は1.43倍に上昇した。

『競争力』は，『Made in America』以降の10年間における驚異的なアメリカ産業の復活の要因と現状を分析し，21世紀における企業，個人，社会のベストプラクティスを提示している。

レスター教授は，『Made in America』の調査対象になった産業である自動車産業（GM，フォード，クライスラーなど），鉄鋼業（USスチール，ベツレヘム・スチール，ニューコア，オレゴンスチール，チャパラル，ノーススター，バーミンガムスチール），半導体産業（ナショナル・セミコンダクター，アドバンスト・マイクロデバイス，アナログ・デバイス，アルテラ，LSIロジック，サイプレス・セミコンダクターなど），電力業（マコウスキー・カンパニー，エンロンなど），移動体通信産業（モトローラなど）における個別の企業をフォローアップ調査し，競争力を有する企業のベストプラクティスについて分析している。

そのレスター教授は，以下のように述べている。

「前述の実例について……不安定な経済環境におけるベストプラクティスの問題は，ほとんど未解決なままである。TQM，リエンジニアリング，漸進的な組織と人的資源のマネージメントの一体化，情報技術に対する戦略的投資，それらのアプローチのいずれもがその限界を示している。方法や理由は異なるが，それぞれが実績以上のことを主張しているが，いずれも最も成功した企業の説明には不十分である」。

アメリカ経済は1980年代から90年代にかけて不確実性の高い，先の見えない状況に突入した。インターネットをはじめとする「IT 革命」も進展し，そのなかでアメリカ企業は，追随者ではなく開拓者として，自らの望ましい未来を切り開いてきた。今，日本企業はそれと同様のポジションにいる。

レスター教授の観察は，TQM，リエンジニアリング，漸進的な組織と人的資源のマネージメントの一体化，情報技術に対する戦略的投資，それらのいずれもがアメリカ企業のうち最も成功した企業のベストプラクティスではないということである。では，そのベストプラクティスとは何なのであろうか？

垂直的な組織構造から水平的な組織構造，現場の労働者の技能を向上させることに対するコミットメント，貴重な供給者や顧客と強固かつ深い関係を構築すること，グローバルな視点を有することなどのベストプラクティスが抽出されているが，レスター教授は，それを超える何かがあると指摘している。

「われわれが調査対象企業を再訪してみると，顧客の言うことを非常に周囲深く聞いている一方で，これら企業はあらゆるレベルで顧客の声を超越して自分たちの行っていることや使命について理解している，と気づかざるをえなかった。それは，『内なる声』に耳を傾けているかのようであった。

その声は，顧客の声とは必ずしも完全に調和がとれているとは限らない声であり，世界はいまだその存在すら知らないものをじきに欲するようになるという確信に特徴づけられている声である」。

このメッセージの意味するところは深遠である。20世紀の企業は，市場経済のもとで効率性を追求し，できるかぎり多くの利益を上げることを一心不乱に追求してきた。しかし，21世紀において求められている企業，21世紀において成功する企業は，このような「利益追求型」の企業ではなく，望ましい社会を実現しようという思い込みを有し，その実現のために企業の資源を投入していくという「使命追求型」の企業が求められているのではないだろうか。その意味で，これからの企業は

NPOから多くのことを学ばなければならない。

レスター教授は，アメリカ企業のなかでこのような「使命追求型」の企業の例としてボーイングをあげている。ボーイングは膨大な開発経費を投入してボーイング747を開発したが，これは，競争相手への対応ではなく，また，投資へのリターンに基づいて正当化されるものではなかった。ボーイングを747開発に向かわせた決定的な要素は，航空機業界のパイオニアとしての，かつ，航空技術の最先端を追求する企業としての自負だったのである。

もちろん，マクダネル・ダグラスなどとの競争が果たした効果も無視できない。しかし，ボーイングが他の競争企業との差をつけさせた要因を説明するには，競争にとらわれるだけでは不十分である。ボーイングが常に競争企業をリードするためのリスクを一貫して負ってきた理由を十分に理解するためには，ボーイングが深く有している基本的な目的やよってたつ信念を考慮する必要がある，こうレスター教授は指摘している。

このように21世紀に求められる企業が，「利益追求型」から「使命追求型」へと変貌していくことは，**3**章で述べた「価値創造主体」のあり方が「企業」単独から「超企業」へと変化していくことと深い関係を有している。

21世紀における「価値創造主体」は，企業のみならず企業とネットワークを組む顧客，パートナー，ナレッジワーカーなどであり，そのネットワーク・システムがシステム内の「物的資産」，「金融資産」，さらに「顧客資産」，「従業員資産」，「サプライヤー資産」，「組織資産」などの総資産を活用して価値をうみだしていく。

こうした価値は，従来のように株主満足度（SS）のみを満足するものではなく，他に顧客満足度（CS）や従業員満足度（ES）をも満足するものであることが求められている。むしろ，顧客満足度や従業員満足度の向上を通じて，最終的に株主満足度を実現することが21世紀の価値である。

EVA は，そのような価値を測定する有効な指標である。そして新しい株式市場の機能は，こうした株主満足度，顧客満足度，従業員満足度の 3 つの観点から企業を総合評価するものとなる[6)]。

このように企業を評価する尺度が，従来のように株主を意識した利益だけではなく，顧客や従業員という主体が登場して，利益以外の要素をも踏まえた多様なものになることが，企業を「利益追求型」から「使命追求型」へと変貌させていくドライビング・フォースである。ここで，価値創造という観点から 20 世紀と 21 世紀を対比すると，以下のようになる。

	20 世紀	21 世紀
価値創造主体	企業	超企業
価値を判断する尺度	株主満足度*	顧客満足度 従業員満足度 株主満足度
求められる企業の姿	利益追求型	使命追求型
株式市場の機能	利益判断	利益判断 使命判断

* 株主満足度を重視するのは，アメリカ企業のモデルに典型的にみられる。これに対して従来の日本企業のモデルは，株主満足度よりも従業員満足度を優先するものであり，その点でアメリカ企業のモデルとは，異なったものであった[7)]。

「ビジョナリー・カンパニー」の意味するもの

このような「使命追求型」の企業は，他に開かれたオープンな存在でありながら，実現すべきビジョンを確固として有している「ビジョナリー・カンパニー」である。「ビジョナリー・カンパニー」とは，スタンフォード大学のジェームズ・コリンズ教授とジェリー・ポラス教授によって 1994 年に書かれた『ビジョナリー・カンパニー』（原題：*Built to Last: Successful Habits of Visionary Companies*）で唱えられた概念である。

コリンズ教授とポラス教授によってなされた先駆的な仕事は，プロクター・アンド・ギャンブル，モトローラ，メルク，3M，ウォルマート，ヒューレット・パッカード，ソニーといった18の「ビジョンを有する企業」を有する企業が，いかにして長期間の繁栄を維持できているか，業界においてこれらの企業が抜きん出ることとなった要因は何か，を分析している。

この質問に対するコリンズ教授とポラス教授の回答は，くしくもレスター教授が『競争力』において出しているものと同様であり，要は，「ビジョンを有する企業」は不変の価値を創造しているということである。コリンズ教授とポラス教授は，「ビジョンを有する企業」の特性として，次のものをあげている。

① 組織の卓抜性

通常想定されているように，新製品を案出することにたけた才能，戦略的洞察力，個性の力に注力するよりも，卓抜した組織をつくり，維持し，そして更新することに注力している。

② コアとなるイデオロギー

イデオロギーとしては，顧客サービスへの献身，技術の最先端であることのコミットメント，個々の社員への尊敬，イノベーションの創造などがある。重要なのはイデオロギーの正しさではなく，むしろ企業信念の強さである。

③ 進歩に対するあくなき意欲

現状に満足しないことが重要であり，新たな技術，戦略，製品の改善に絶えず取り組み実験するしていること，さらにより良くしようとする意欲が大きな役割を果たしている。

④ 連携する組織

従業員，ナレッジワーカー，そしてサプライヤーや提携企業を常に連携しながら価値を創造する。

私はシリコンバレー滞在時の94年のある日，『ビジョナリー・カンパニー』の著者の1人であるジェリー・ポラス教授と，その本の刊行前に意見交換したことがある。そのとき初めて「ビジョナリー・カンパニー」の存在を認識させられたが，当時の私の関心は，シリコンバレーのベンチャー企業の活力，ベンチャー・キャピタリストの機能などであったため，「ビジョナリー・カンパニー」というコンセプトの意義，有意味性についてしっくり理解できなかった。

その後6年以上の期間にわたり，「シリコンバレーモデル」，「エコマネー」，「マイクロビジネス」などの概念を提唱しながら，企業と社会のあり方を模索してきたが，ようやく，21世紀の企業のキーワードが見えてきたような気がしている。それは「ビジョナリー・カンパニー」である。

2001年3月，ニューヨークにおいて日本経済新聞社とスイスのビジネススクールIMD（経営開発国際研究所）が共催した経営セミナー「経営は国境を越えられるか」が開催された。その場で日本，アメリカ，ヨーロッパのトップ経営者が21世紀のビジネスモデルのあり方について討議したが，折りしもNASDAQ（アメリカ店頭株式市場）を中心として株式市場における株安が急進行した。その後この株安はニューヨーク株式市場や東京株式市場にも波及したが，株安の背景には「この企業の成長が持続可能なのかどうか」という投資家サイドからの疑問の高まりがある。その最も典型的な例は，いわゆるドットコム企業。インターネットサイトの視聴者数を集めることが目標となり，収益は二の次という状態が続いてきた。しかし，キャッシュフローのマイナスをいつまでも株式市場から補給できるわけではない。

「持続可能性」が問われているのは，こうした新興企業だけではない。**2**-1で紹介したコアコンピタンスという概念を提唱した経営学者のゲーリー・ハメルによると，多くのアメリカ企業は持続不可能なやり方で収益やROEを向上させてきた。例えば人員削減などのリストラは，コスト圧縮により短期的な収益向上にはつながるが，反面企業は，将来の成長の糧である人材資源を流出させることになる。ハメルはROE向上の切り札とされてきた自社株買いの行き過ぎにも疑問符をつけている。自社株買いを自らのキャッシュフローの範囲内でまかなう場合は問題ないが，借入金で行う場合は負債の増加を伴いいつまでも続けられない。

従来の経営手法の限界が明らかになるなかでしだいに浮き彫りになってきたことは，経営者が「正しい目標」を設定することの重要性である。この「正しい目標」の設定とは「ビジョナリー・カンパニー」を目指すことにほかならない。

「ビジョナリー・カンパニー」は，従業員であるナレッジワーカーの自律的な創意工夫により顧客にその使命をアピールする。そこに顧客とのインターアクションが生まれ，顧客価値が創造される。「ビジョナリー・カンパニー」は，短期的な株主利益よりも顧客利益を尊重することで，結果的に中長期的な株主利益を確保する。その目標は，ナレッジワーカーが価値をつくりあげ，あくまでも顧客満足度（CS）の向上を通じて企業の業績向上につなげていくことである。

21世紀においてBPOが推進され，新しい日本型経営が創造されるとすれば，それは，価値創造機能を有するとともに，「従業員利益」と「株主利益」を同時に満足する「ヒューマン・キャピタリズム」でなければならない。

ここで私の確信を述べて，読者の皆さんへのメッセージとしたい。

21世紀の日本企業の成否は，「ビジョナリー・カンパニー」になれるかどうかにかかっている！

（注）

1） マイケル・E.ポーター（竹内弘高訳）[1998]『競争戦略論Ⅰ，Ⅱ』ダイヤモンド社。

2） 『日本経済新聞』2000年12月31日，4面。

3） 『日本経済新聞』2001年1月3日，1面。

4） 『日本経済新聞』2001年1月5日，朝刊4面。日本経済新聞社の調査で，調査対象は有力上場企業150社のうち126社から回答を得た。

5） この点を論じたものに，日本経済新聞経済教室2000年12月18日「金融資産，独自の会計必要」（石川純治ほか）がある。

6)　アメリカでは，こうした「使命追求型」の企業の使命が，企業市民活動やコミュニティなどに対する社会貢献活動にまで拡大している。「社会的責任投資」（SRI: Social Responsibility Investment）という考え方で，アメリカではそのような活動を株式市場における評価に反映させるべく，企業のSRI度を評価・格付けするNPO〈Council on Economic Priorities〉，SRI度の高い企業の株価インデックス〈DSI: Domini Social Index〉を作成し公表している企業（KLD社）なども活動を展開している。

ちなみに，DSIは400銘柄よりなり，この10年間の実績はS&P 500を上回っている。

7)　この点に関しては，伊丹敬之［2000］『日本型コーポレートガバナンス：従業員主権企業の論理と改革』日本経済新聞社，が詳しい。

エピローグ：究極のビジネスモデル「C-to-B」(Community-to-Business) の構築を

「希望の世紀」をつかみ取ろう！

フランスのモラリスト，アランの言葉に次のようなものがある。

「悲観主義は気分に属し，楽観主義は意思に属する」。

1980年代後半のバブル経済の発生から，日本企業は有るべき姿を模索し続けている。しかし，今まで21世紀の有るべき姿を発見した企業はどの程度あるであろうか？　90年代前半のバブル崩壊以降，一方で，不良債権処理，リストラ，資産圧縮などを行うとともに，他方で，企業会計原則の国際化，世界的な「IT革命」への対応など，いわゆるグローバル・スタンダードへの適応に追われてきた。

90年代の日本企業は，まさに荒海に浮かぶ船のように，押し寄せる怒涛(どとう)に翻弄(ほんろう)されながら，かろうじて生きのびてきたということができよう。それらは後ろ髪をつかもうとする当面の対応であり，「失われた10年」という表現が形容するように，未来に向かって積極的に価値を創造するものではなかった。そこには悲観主義の気分が蔓延(まんえん)した。

21世紀を迎えた今，われわれは悲観主義の気分を一掃しなければならない。そして「ビジョナリー・カンパニー」となる新たな「意思」をもって価値を創造し，これから「希望の世紀」を掴み取っていかなければならない。20世紀から21世紀にかけて起こった「断絶」(Discontinuity) を先取りし，前髪をつかんで「ビジョナリー・カンパニー」となることを目指す。これが出来るかどうかが21世紀の企業の成否を決める。

「IT 革命」にしても，どうやら2000年から01年にかけて色濃くなってきたのは，インターネット端末としては，パソコン（PC）を使ったものではなく，よりユーザー・フレンドリーなテレビや携帯端末に移ってきたということである。インターネット装備した情報家電なども今後急速に伸びていくであろう。ソニーの「プレステーション2」やNTTドコモの「iモード」などの急速な拡大は，その予兆といえる。

また，インターネット回線にしても，「IT 基本戦略」において超大容量のブロードバンドへの移行が2005年までと目標が明確に示されたことから，動画などグラフィック・インターフェイスへの需要が高まるであろう。この点でも日本企業には，アニメ，ゲームなどで培ってきた強みがある。

東京大学の坂村健教授が中心になって開発を進めているTRON（トロン）も，車のエンジン制御や携帯電話，カーナビ，複写機，デジタルカメラなどの制御に使われる組込み型コンシューマ用のOSとして広く活用されている。今やTRONは，コンピュータのOSとしては使用実績が世界一のレベルに達しており，今後ともあらゆる種類の端末がインターネットに接続する「どこでもコンピュータ」（ubiquitous computing）の世界を日本から情報発信していくであろう。

TRONプロジェクトは最近新しいイニシアティブとしてe-TRONを発表したが，これはチケット，権利証，証明書などの価値ある情報をセキュア（意図しない形で複製されたり，改ざんされたり，盗まれたりしない）な状態で電子的にやりとりできる安全な基盤をトータル・アーキテクチュアを構築しようとするものである。これにより誰もが「IT 革命」時代の電子取引のメリットを最大限享受できる環境が整備されるだろう。

これらの意味するところは，「IT 革命」は第1段階の「出現」から第2段階の「突破」に移行してきたということであろう。そうなると日本の出番である。本来，日本企業においては，新しいコンセプトを登場させるプロダクト・イノベーションではなく，それに続く製品化のプロセス・イノベーションに強みがあるとされてきた。これは，0と1の情報に符号化できない「暗黙知」ないし「埋め込み型知識」を広く共有させる研究開発のシステム，人事ローテーション，QC 運動に象徴される品質管理手法などにさまざまな工夫があったためである。

そして，**7-1** で説明したように，デジタル情報の共有化が当り前となる“ポスト BPO 戦略”の段階においては，再び「暗黙知」ないし「埋め込み型知識」が競争力の決定的（クリティカル）なポイントとなる。そのために日本企業は，新しいベスト・プラクティスを積極的に取り入れ，それを実践していかなければならない。

楽観主義は「信念」に属する！

今まさに「IT 革命」の到来とともに e-BPO の時代を迎えている。それは「企業が消える時代」であり，企業に代わって企業と顧客，パートナー，サプライヤーなどがネットワークを組んだ「超企業」が価値創造主体となる時代である。

「プロローグ」で述べたように，これは，まさに千年紀（ミレニアム）転換のダイナミズムに相当する大変革である。もちろん，このことは企業の存在意義を否定するものではない。21 世紀の企業にとって最も重要なのは，企業というフレームワークを超えたところに発想を転換して，「ビジョナリー・カンパニー」となることである。

そこで必要なのは，「IT 革命」が「出現」から「突破」に移行し日本企業の出番が多くなってくることを期待するだけの受動的な姿勢ではない。今までの「IT 革命」が道具としての IT に力点があったとすれば，今後の「IT 革命」は，道具としての IT を社会の課題の解決に向けるものでなければならない。これからの IT は，われわれの生活をより人間的で，より自然と共生するために存在するものでなければならないだろう。21 世紀の企業にはそのような使命が求められている。

21 世紀においては，人間が持続可能な発展をしうるかどうかが最大の課題である。地球環境問題に象徴されるように，従来の「大量生産・

大量消費・大量廃棄」型の産業文明は地球の許容度をはるかに超えており，このままでは地球の生態系は破壊され地球に暮らす人間も滅ぶしかない。また，少子高齢化の進展に伴って，介護，福祉，医療，育児などわれわれの生活そのものをいかに設計するかということが問われている。創造性あふれる人格豊かな 21 世紀の人材を育てる教育システムの構築も大きな課題である。

そこに登場しているのは，人と人とが活力と優しさをもって交流するコミュニティをいかに再構築するかということである。前者の環境問題が，人間生活の物理的な限界を示しているとすれば，後者のコミュニティの問題は，人間生活の精神的な限界を示しているといえよう。

今後必要とされる「IT 革命」は，これらの人間生活の限界を IT によって取り払うようなものでなければならないだろう。新エネルギー開発，環境保全技術，循環システム技術などの環境やエネルギーの分野に IT 技術を積極的に活用したり，バイオ・ゲノムの分野に IT を活用したバイオ・インフォマティクスを推進する「ビジョナリー・カンパニー」が求められる。

また，介護，福祉，医療，育児や教育などのコミュニティ分野にインターネットを積極的に導入して，「コミュニティ・ネットワーク」を構築するなどの対応も 21 世紀の「ビジョナリー・カンパニー」には必要である。

それは **7**-4 で指摘した「使命追求型」の企業であり，そこに必要となるのは，アランのいう「意思」を超えた「信念」である。21 世紀においては，楽観主義は「信念」に属するのである。

究極のビジネスモデルへ

このような「信念」を支えるのは，究極のビジネスモデルは今までの「B-to-B」(Business-to-Business) や「B-to-C」(Business-to-Consumer) ではなく，「C-to-B」(Community-to-Business) にあるという洞察力であ

ろう。

7-4 で説明したように，今後のビジネスモデル構築にあたって最も重要なことは，「価値とは何か？」を常に問い続けることである。そしてわれわれに必要なのは，「稀少性を有するものこそ価値である」ということを基軸として見失わないようにしながら，稀少性を判断する新しい時代の価値軸を発見することである。

ここで「コミュニティ」（Community）という価値を創造する新しい母体が登場する。21 世紀においては，従来と異なったさまざまな価値の候補が登場するであろう。しかし，それらの価値の候補に対して稀少性を付与するのは生活主体である人間である。その人間が前述の環境やコミュニティという生活の限界に直面したとき，稀少性を付与する先は，その限界を取り払う環境サービスやコミュニティ・サービスに対してであることは明らかである。

これらのサービスを提供するビジネスモデルは，**7**-4 で説明した“第 4 世代”のビジネスモデルというべきもので，「ハード」と「ソフト」を組み合わせて，それを「サービス」でパッケージ化させたうえで，さらにネットワーク上で多重に利用しようというモデルである。「ネットワーク」∬{「サービス」∫（「ハード」+「ソフト」)}と表現される。

価値創造の母体となる「コミュニティ」は，人間が交流し生活する基本単位としてのもので，リアルな地域コミュニティにヴァーチャルな e-コミュニティが結合したものである。この「コミュニティ」が今後の価値軸の鍵となることは，タイムワーナーを合併した AOL の発展の軌跡が物語っている。

AOL は，85 年の設立以来慢性的な経営危機に直面し続けたが，その間 AOL を支えたのは，CEO であるスティーブ・ケースの言葉「誰もが気楽に参加できて楽しめるコミュニティをつくりたい」に表現されるインターネットの可能性に対する“見果てぬ夢”であった。そして，その“見果てぬ夢”がインターネットのコンテンツ・ビジネスと結びついて現実のものとなっているのが現在の AOL である。

「人々にとって最高のコンテンツは，他の人々との対話と交流である」。このスティーブ・ケースの言葉に象徴されるように，インターネットの世界は「e-コマース」から「e-コミュニティ」へと発展してきているが，他の人々との対話と交流というコンテンツの視点から見れば，最も豊かなコンテンツを有しているのは，地域コミュニティである。

そこには，環境，コミュニティ，そして文化などの価値が交流される。ヴァーチャルなe-コミュニティがこのようなリアルな地域コミュニティと結びついて，“第4世代”のビジネスモデルにより各種の環境サービスやコミュニティ・サービスが提供されるとき，そこに出現するのは，究極のビジネスモデルである「C-to-B」である。

7章の注6)で紹介したように，すでにアメリカでは，「社会的責任投資」(SRI: Social Responsibility Investment) という考え方に基づき，企業市民活動やコミュニティなどに対する社会貢献活動を株式市場における評価に反映させるべく，企業のSRI度を評価・格付けしたり，SRI度の高い企業の株価インデックスを作成し公表するなどの活動が展開されている。日本においては，「C-to-B」のビジネスモデルを評価する日本版SRIの考え方を発展させる必要がある。

最後に，日本企業や日本人を勇気づけるエピソードを紹介したい。

「相対性理論」を提唱したアインシュタインは，戦前日本を訪問し，日本文化と日本人の感性に触れ，次のような言葉を残した。

「世界は進むだけ進んで，その間，幾度も闘争が繰り返され，最後に闘争に疲れるときがくるだろう。その時，世界の人類は必ず真の平和を求めて，世界の盟主をあげねばならぬ時が来るに違いない。その世界の盟主は，武力や金力ではなく，あらゆる国の歴史を超越した，最も古く，かつ，尊い家柄でなければならぬ。世界の文化は，アジアに始まってアジアに帰り，それはアジアの高峰，日本に立ち戻らねばならぬ。われらは神に感謝する。天がわれら人類に，日本という国を造っておいてくれたことを」。

このアインシュタインの言葉にあるのは，日本人が時間を超越して受け継いできた日本文化の「共生の感覚」である。この「共生の感覚」の基底にあるのは，人間の“すみか”をかけがいのないものとする「コミュニティ」の価値である。環境エネルギー技術において世界をリードしている日本企業が，21世紀において日本発の「C-to-B」のビジネスモデルを構築し，世界に向けて情報発信したとき，再びこのアインシュタインの言葉がわれわれの心に甦ってくるであろう。

おわりに

本書は，以上のメッセージを21世紀の日本企業に送るために書かれている。1998年6月から2000年6月までの2年間，通商産業省サービス産業課長時代に携わったアウトソーシングの経験を踏まえているが，この本に盛り込んだ情報や見解は，あくまでも個人の資格において得られたものである。日本経済評論社の宮野芳一さんには，編集の段階でいろいろ貴重な指摘をいただいた。ここに感謝の意を表したい。

最後に，本文中（**6**-3）にもふれた「マイクロビジネス協議会」が今後大きく発展し，「ビジョナリー・カンパニー」を目指す企業へのよきプラットフォームとなることを念じて，筆を擱（お）きたいと思う。

2001年3月20日　新春の到来を感じながら

加藤　敏春

【参考文献】―50 音順―

アーサーアンダーセン・ビジネスコンサルティング［1999］『シェアード・サービス』東洋経済新報社。
アナリー・サクセニアン（大前研一訳）［1995］『現代の二都物語』講談社。
アル・アーバー（河田剛訳）［1999］『富を創造する EVA 経営』東洋経済新報社。
アルベール・プレッサン（会津泉訳）［1991］『ネットワールド』東洋経済新報社。
伊丹敬之［2000］『経営の未来を見誤るな：デジタル人本主義への道』日本経済新聞社。
伊丹敬之［2000］『日本型コーポレートガバナンス：従業員主権企業の論理と改革』日本経済新聞社。
上田宗央［1999］『マイクロアウトソーシング：機能細分化による企業再生術』日刊工業新聞社。
大浦勇三［1998］『ナレッジマネージメント革命』東洋経済新報社。
奥村宏［2000］『株式会社はどこへ行く：株式会社批判』岩波書店。
太田肇［2001］『ベンチャー企業の「仕事」：脱日本的雇用の理想と現実』中公新書。
加藤敏春［1997］『シリコンバレー・ウェーブ：次世代情報都市社会の展望』NTT 出版。
加藤敏春［1999］『創業力の条件：チャンスに満ちたマイクロビジネスの時代』ダイヤモンド社。
加藤敏春［2000］『マイクロビジネス：すべては個人の情熱から始まる』講談社＋α 新書。
グラディ・ミーンズ＆デビット・シュナイダー（プライスウォーターハウス・クーパース・コンサルティング訳）［2001］『メタキャピタリズム：21 世紀企業をデザインする』東洋経済新報社。
白井均，城野敬子＆石井恭子［2000］『電子政府』東洋経済新報社。
自由時間デザイン協会［2000］『今後の余暇政策のあり方に関する調査研究事業Ｉ』。

高橋俊介［1998］『知的資本のマネージメント』ダイヤモンド社。
高橋伸夫編［2000］『超企業・組織論』有斐閣。
『通商白書』1996 年版。
『通信白書』2000 年版。
寺本義也・岩崎尚人［2000］『ビジネスモデル革命：競争優位のドメイン転換』生産性出版。
デロイト・トーマツ・コンサルティング［2000］『E ビジネス経営：市場を制する戦略と経営基盤』東洋経済新報社。
デロイト・トーマツ・コンサルティング＆峰島孝之［2000］『ASP：ネットソーシング時代の IT 戦略』東洋経済新報社。
日本能率協会［2000］『アウトソーシング実践ノウハウ集』。
野村総合研究所［2000］『行政アウトソーシング・ビジネスに関する調査』。
M. ハマー・J. チャンピー（野中郁次郎監訳）［1993］『リエンジニアリング革命』日本経済新聞社。
マイケル・E. ポーター（竹内弘高訳）［1998］『競争戦略論Ⅰ，Ⅱ』ダイヤモンド社。
牧野昇・武藤泰明［2000］『オープン・リソーセス経営』経済界。
森谷正規［2001］『IT 革命の虚妄』文春新書。
米倉誠一郎［2000］『ネオ IT 革命：日本型モデルが世界を変える』講談社。
ラビ・カラコタ＆マルシア・ロビンソン（KPMG コンサルティング・渡辺聡訳）［2000］『e-ビジネス：企業変革のロードマップ』ピアソン・エデュケーション。
リチャード・E. S. ボルトン，バリー・D. リバート＆スティーブ・M. サメック（アーサー・アンダーセン訳）［2000］『バリューダイナミクス』東洋経済新報社。
リチャード・K. レスター（田辺孝二・西村隆夫・藤末健三訳）［2000］『競争力：何のための経済成長か』生産性出版。

〔著者略歴〕

1954年，新潟県に生まれる．77年，東京大学法学部を卒業し，通商産業省（2001年1月より経済産業省）に入省。84年，米国タフツ大学フレッチャー・スクールにて修士号を取得する．

ライフワークとして日本全国を訪問し，起業，地域社会の情報化，まちづくりの推進に関与する．その間各種の論文・ペーパーを発表し，98年度「アジア太平洋特別賞」，98年度「シュンペーター・伊藤基金金賞」，2000年度「日本マルチメディア大賞」を受賞．

またエコノミストとしての活動も展開し，2000年度東洋経済「高橋亀吉記念賞」最優秀賞受賞．

著書には『エコマネー』（日本経済評論社），『エコマネーの新世紀』（勁草書房），『マイクロビジネス』（講談社＋α新書），『エコマネーの世界が始まる』（講談社），『創業力の条件』（ダイヤモンド社），『シリコンバレー・ウェーブ』（NTT出版），訳書にはD．ヘントン他著『市民起業家』（日本経済評論社），などがある。詳細な情報は，「加藤敏春 Web2001」（http://wwwll.u-page/so-net.ne.jp/cb3/tkatoh/）

「超」企業——ビジネスプロセス・アウトソーシングから価値創造へ——

2001年4月20日　第1刷発行　定価（本体1800円＋税）

著　者　加　藤　敏　春
発行者　栗　原　哲　也
発行所　株式会社　日本経済評論社
〒101-0051　東京都千代田区神田神保町3-2
電話 03-3230-1661　FAX 03-3265-2993
振替00130-3-157198
装幀・鈴木　弘
印刷・文昇堂印刷　製本・協栄製本

ISBN4-8188-1345-1